国谷裕子と考える

SDGsと食料危機

4 「未来の食」から食料危機を考える

監修
国谷裕子

もくじ

資料《しりょう》

はじめのマンガ

それはなに？ コオロギの絵が描《か》かれているね
コオロギせんべい
昆虫《こんちゅう》の成分でつくられた食品だよ！ きみも食べてみなよ。 こうばしくて、おいしいよ
パリ
ぎょぎょっ
どうしようかなあ？
昆虫食《こんちゅうしょく》が食料危機《きき》を救《すく》う、だよね。ねえ国谷《くにや》さん！
171
Edible insects
Future prospects for food and feed security
WAGENINGEN UR
そうなの。国連機関が食料危機《きき》を解決《かいけつ》するための1つの手段《しゅだん》として、昆虫《こんちゅう》食《しょく》をすすめているの
どうして、昆虫《こんちゅう》を食べると食料危機《きき》が解決《かいけつ》されるの？
昆虫食《こんちゅうしょく》でタンパク質《しつ》をとろうということだよ
タンパク質《しつ》っていうと？
タンパク質《しつ》は、体をつくる材料となる大切な栄養素《えいようそ》なんだよ
肉や魚、卵《たまご》、大豆などに多いの
人間は動物からタンパク質《しつ》を多くとってきたんだよ
でも地球の人口が増《ふ》え続《つづ》けているので、畜産《ちくさん》でまかなえる肉が今後足りなくなるの
どんどん牛や豚《ぶた》やにわとりを増《ふ》やせばいいじゃないの
やたらと家畜《かちく》を増《ふ》やすのは環境《かんきょう》に悪いと、このシリーズに書いてあったよ

はい。畜産《ちくさん》は広い土地が必要なので、森林の伐採《ばっさい》などが進み、温暖化《おんだんか》が進むからね
Geppu！
アタシは悪くないよモ～
牛のゲップって、温室効果《おんしつこうか》ガスをはきだすんだってね
国連が昆虫食《こんちゅうしょく》をすすめる理由はね
・同じ重量の食肉を生産するのに必要な飼料《しりょう》や水が少ないこと
コオロギ
kg
kg
kg
kg
タンパク質《しつ》 1kg を生産するのに必要なえさの量は、それぞれどのくらいかな？（答えは 22 ページ）
・飼育《しいく》の過程《かてい》で発生する温室効果《おんしつこうか》ガスの放出量が少ないこと
・飼育《しいく》に必要な土地（面積）が小さいこと
・栄養価《えいようか》が高いこと
100g あたりのタンパク質《しつ》
コオロギ 62g
14.4g
20.1g
24.4g
サバ 20.6g
12.4g
MILK
3.3g
へえ～、スーパーフードだね
でしょう！
日本でも昔からタンパク質《しつ》を摂取《せっしゅ》するために昆虫《こんちゅう》を食べていた地域《ちいき》があるんだよ
蜂の子
わたしはちょっと苦手なんだけど…
昆虫食《こんちゅうしょく》の他にも環境《かんきょう》を汚《よご》さずに、食料危機《きき》を救《すく》えるような食べ物はあるの？
さっき、タンパク質《しつ》が多くふくまれるものに大豆があるっていったよね
大豆って、納豆《なっとう》でしょ。うまいよ
実はね、大豆で肉をつくれるんだよ

大豆を原料にして、見た目や食感を、肉に近づけたものよ。肉の代わりなので、代替肉《だいたいにく》っていうの
大豆を 10% 以上使ってたら大豆ミートっていうんだよ
大豆ミートのからあげ
お肉不使用
大豆ミートのからあげって、食べたことある
大豆ミートは、環境《かんきょう》に負荷をあまりかけないでつくることができるよ
本物の肉も食べたいよ～
環境《かんきょう》も悪化させず、動物の命を奪《うば》わない、人工の肉をつくる研究もされているんだよ
どうやってつくるの？
培養肉《ばいようにく》っていうの
牛の細胞《さいぼう》をとって、それを培養《ばいよう》して増《ふ》やして、お肉にするのよ
牛の培養肉の場合ね
培養肉《ばいようにく》が一般《いっぱん》に商品化されるのは、まだいつのことかわからないけどね
安全性《あんぜんせい》の疑問《ぎもん》、値段《ねだん》の問題もあり、消費者《しょうひしゃ》に受け入れられるか、これからのこと

農家の人口が減《へ》ってきているんだよね。社会科の授業《じゅぎょう》で学んだよ
そうなのよ、それに合わせた農業も考えていかなければならないね
たとえばどんな農業のやり方が考えられているの？
都会のビルを使って作物をつくる、ビル農場なんていうのもあるね
太陽の光がよく当たるんだね
ビルで野菜をつくるのかあ
ビルの中には害虫が入らないので農薬をあまり使わないで、作物ができるのよ
レストランがあればいい。とれたてが食べられるし…
子ども農園もほしいね
ナイスアイディア
わたしも未来にむけて新しい食品を考えてみますかね！
You にぴったりの仕事だね
コオロギせんべい

スマート農業ってなに？

　わたしたちの大切な食料を生産しているのが、農家や漁業者、林業従事者《じゅうじしゃ》などの人びとです。日本ではそれらの人口が年々減《ねんねんへ》っています。後継者《こうけいしゃ》不足によって高齢化《こうれいか》が進み、たとえば農家では平均年齢《へいきんねんれい》が68.4歳《さい》（2022年）ぐらいにまでなってきました。

　日本では、農地面積の約4割《わり》が傾斜地《けいしゃち》の多い山間地域《ちいき》です。そこでは、平面的に農地区画を整理したり、大型《おおがた》機械を導入《どうにゅう》したりすることがむずかしく、農業の担《にな》い手《て》が育ちにくい状況《じょうきょう》です。そのような地域では学校の統廃合《とうはいごう》が進み、商業施設《しせつ》や会社なども減り、若者《わかもの》は都市に移《うつ》り住《す》み、地域の高齢化・過疎化《かそか》が進んでいます。

　一方で、世界の人口は今後増加《ぞうか》し、大量の食料が求められています。日本は多くの食料を輸入《ゆにゅう》に頼《たよ》っていて、食料自給率《じきゅうりつ》が38%まで落《お》ち込《こ》んでいます。なんとかしなければ、将来《しょうらい》の食料確保《かくほ》が心配される状況です。そこで国や自治体、民間などから、食料生産のやり方への提案《ていあん》が出てきました。ちょうどSDGsの目標達成の後押《あとお》しも影響《えいきょう》しています。

　ここでは、国（農林水産省）が進めている「スマート農業」を見ていきましょう。

●スマート農業の提言《ていげん》

　日本の農業の現場《げんば》では、今もまだ人手に頼《たよ》る作業や熟練者《じゅくれんしゃ》でなければできない作業が多く、省力化、人手の確保《かくほ》、身体への負担軽減《ふたんけいげん》が大きな課題となっています。

　国が提言《ていげん》しているスマート農業とは、ロボット技術《ぎじゅつ》や情報《じょうほう》通信技術（ICT）を活用して、省力化・精密化《せいみつか》、高品質《こうひんしつ》生産を実現《じつげん》する農業のことです。

　今ある農業技術に加えて先端《せんたん》技術を使った「スマート農業」を行うことで、農作業の効率化《こうりつか》・軽労化を進められ、さらに新規就農者《しんきしゅうのうしゃ》の確保や栽培技術力《さいばいぎじゅつりょく》の継承《けいしょう》などが期待されています。

スマート農業の例

超省力《ちょうしょうりょく》・大規模《だいきぼ》生産を実現《じつげん》

GPS自動走行システムやドローンの利用で農業機械の複数同時走行や自動走行、夜間走行などで、作業能率《のうりつ》を上げる。

きつい作業、危険《きけん》な作業から解放

収穫物《しゅうかくぶつ》の積み下ろしなどをサポートするアシストスーツ、つらい草取りを楽にする除草《じょそう》ロボットなどで重労働から解放する。

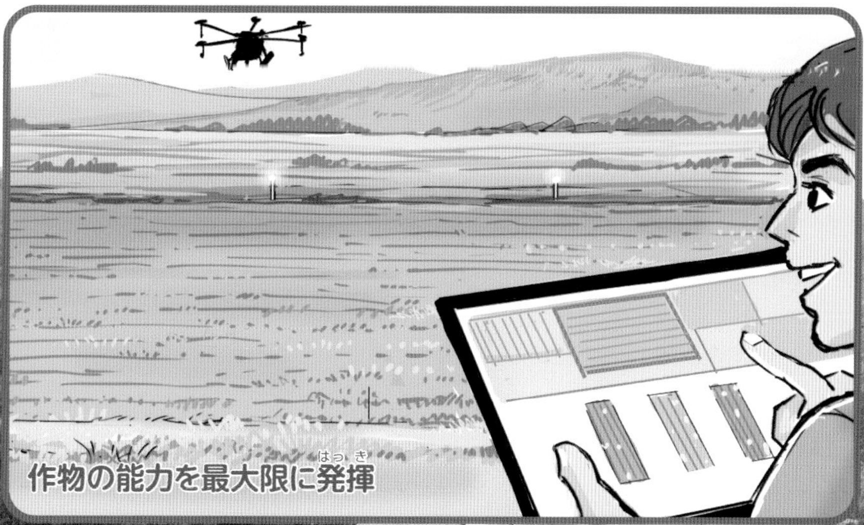

作物の能力を最大限に発揮《はっき》

ドローンのセンサーや過去《かこ》のデータを活用し、きめ細やかな栽培《さいばい》（精密《せいみつ》農業）により、従来《じゅうらい》にない多収入・高品質生産を実現。

消費者《しょうひしゃ》・実需者《じつじゅしゃ》に安心と信頼《しんらい》を提供《ていきょう》

クラウドシステムにより生産のくわしい情報を消費者につなげ、安心と信頼を届ける。

だれもが取り組みやすい農業を実現

画像解析《がぞうかいせき》を使って病害虫を早期に発見して、適切な対処《たいしょ》をうながす。篤農《とくのう》家《か》のもつ技術や判断を記録し、データ化して新規就農者《しんきしゅうのうしゃ》が利用できる仕組みを実現する。

※**篤農《とくのう》家《か》**　農業の研究に裏《うら》づけされた実積《じっせき》をもつ農家のこと。

※**実需者《じつじゅしゃ》**　小売、仲卸《なかおろ》し、食品加工などの業者のこと。

※**クラウド**　インターネット上にデータを保存《ほぞん》して、どこからでも使えるようにすること。「クラウド」とは「雲」のこと。

（農林水産省資料より作成）

テクノロジーが農業を支《ささ》える

スマート農業は技術《ぎじゅつ》の力により、農家の負担《ふたん》を減《へ》らし、収穫《しゅうかく》を確《たし》かなものにし、さらにデータを蓄積《ちくせき》し未来に生かし、食料を安定的に生産することが目標です。ここでは米づくりに使われる最新《さいしん》型《がた》や開発中のトラクター、田植え機、コンバイン、草刈《くさかり》機《き》、ドローンなどのマシンを紹介《しょうかい》します。米は日本の主要穀物《こくもつ》で、半年以上の農作業が費《つい》やされ、多くの道具や、機械が使われます。それらを先人たちは、農業技術とともに、米づくりの知恵《ちえ》として伝えてきました。今後はどのような技術が、未来に伝えられるのでしょうか。

米づくりの１年

3月　種まき・苗《なえ》づくり　土づくり
4月　育苗《いくびょう》・田植えの準備《じゅんび》　田おこし　しろかき
5・6月　田植え　水管理　草取り
7月　稲《いね》の成長
8月　稲の成熟《せいじゅく》
9月　収穫《しゅうかく》
10月　乾燥《かんそう》・出荷

トラクター

このトラクターはタブレット操作《そうさ》による自動運転の監視《かんし》、リモコン操作による自動運転の開始や停止《ていし》の操作が可能《かのう》です。農作物の種をまく前に田畑を耕《たがや》すとき、トラクターがかつやくします。

人が乗った後ろのトラクターから、前の無人トラクターを操作《そうさ》し、２台で効率《こうりつ》よく仕事をしています。

クボタが描く未来のトラクター

〈特長〉
・人工知能《ちのう》（AI）を搭載《とうさい》し、天候や生育状況《じょうきょう》などのデータから、適切《てきせつ》な農作業を判断《はんだん》。
・人が運転しない、完全無人の超省力化《ちょうしょうりょくか》を実現《じつげん》。
・リチウム電池とソーラーバッテリーを併用《へいよう》して、全ての動力を電気でまかない、排気《はいき》ガスを一切出さず環境《かんきょう》負荷低減《ていげん》に貢献《こうけん》。
・車高を調整できる四輪クローラが、どんな土壌《どじょう》や地形でもさまざまな作業に対応《たいおう》。

田植え機

モニターにマップを設定し、走行ルートを作成すると「植付《うえつけ》」作業は全て自動運転します。

リモコンで自動運転の「開始・停止」「前進・後進」「植付」が操作できます。

センサにより自動でまっすぐ進みます。操作《そうさ》は 250m まで離《はな》れることができます。

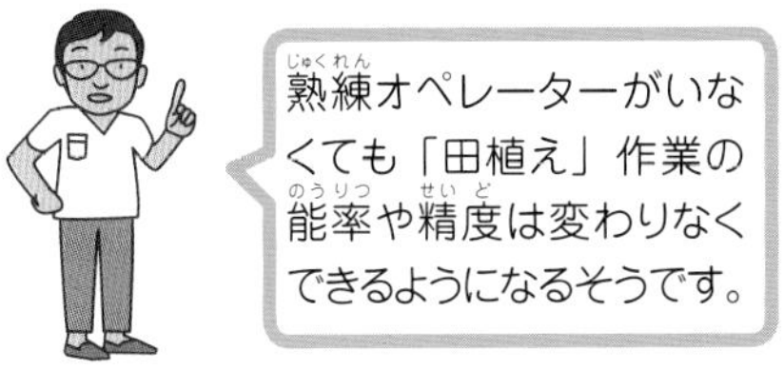

草刈機《くさかりき》

ラジコンで操作《そうさ》ができ、斜面《しゃめん》でも離《はな》れた場所から安全に「草刈《くさかり》」ができます。

ドローン

農作業にドローンを使うことも多くなってきました。簡単《かんたん》な操作《そうさ》で農薬などをまくことができます。

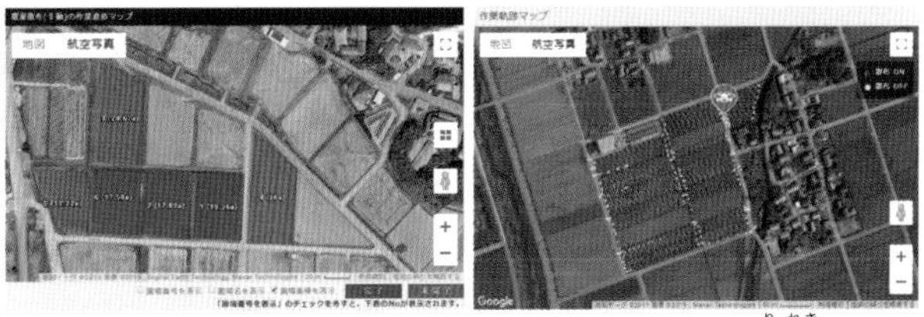

ドローンを Wi-Fi につなげることで、自動的に飛行履歴《りれき》や進みぐあいを確認《かくにん》することができます。

コンバイン

コンバインは、１台で「刈取《かりとり》」・「脱《だっ》こく」・「選別」の機能《きのう》をもった農業機械です。

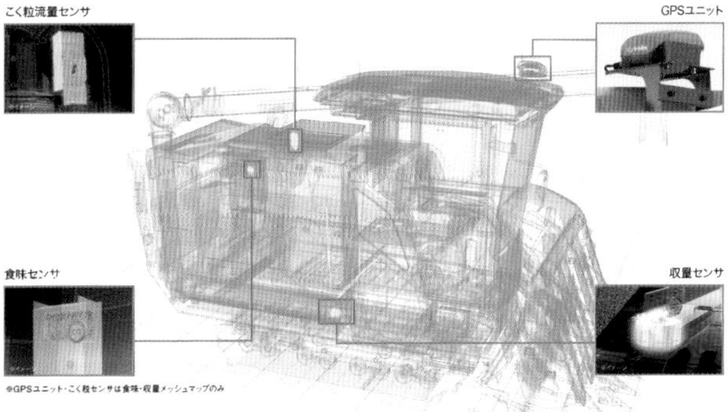

食味・収量《しゅうりょう》センサが搭載《とうさい》されているコンバインは、「刈取《かりとり》」と同時に田んぼごとに食味や収量を計測《けいそく》・記録できます。そのデータにより、翌年《よくとし》から田んぼごとに改善《かいぜん》が可能《かのう》になります。

（写真提供:株式会社クボタ）

都市農業ビルで地産地消を

都市は大消費地《だいしょうひち》として地方から食料やエネルギーを購入《こうにゅう》し、消費することで成り立ってきました。しかし、地球温暖化《おんだんか》、気候変動、人口増加《ぞうか》・減少《げんしょう》、感染症《かんせんしょう》のパンデミック（世界的流行）、少子高齢化《こうれいか》など、都市もまた多くの問題をかかえています。消費するだけの都市から、生産もできる都市にという、都市の再生化《さいせいか》が世界中で進んでいます。この絵は高層《こうそう》ビルをまるごと農場にした想像図《そうぞうず》です。高さを利用して水を上から下に効率《こうりつ》よく利用して、水耕栽培《すいこうさいばい》ができ、害虫が入りにくい屋内は農薬の使用も少なくてすみます。太陽光だけでなく、人工光を使った栽培も可能《かのう》となります。

市民・学校農園

内部には、市民農園や学校農園があり、農家の人に作物の育て方を教わったり、自分たちで育てたものの収穫《しゅうかく》ができます。

農業試験室

農業試験室では、作物のデータが蓄積《ちくせき》され、収量《しゅうりょう》や品質《ひんしつ》の分析《ぶんせき》品種改良などが行われます。

レストラン

レストランが併設《へいせつ》され、収穫《しゅうかく》された作物を使った新鮮《しんせん》な料理を食べることができます。地産地消の実現ができています。

農業オペレーターが、内部のセンサーや、ドローンからの情報《じょうほう》で、水や肥料《ひりょう》をコントロールします。

コントロール室

人工光も利用

農業ビルの窓《まど》をしめて、外部からの光をさえぎり、LED ライトの調整で作物をつくることができます。

災害《さいがい》シェルター

災害《さいがい》などのとき、都市の避難所《ひなんじょ》となります。

陸で魚の養殖《ようしょく》にチャレンジ！

魚の養殖《ようしょく》というと、おだやかな海の沿岸《えんがん》で行われているのを思《おも》い浮《う》かべる人が多いのではないでしょうか。しかし、近年は気候変動の影響《えいきょう》と考えられる赤潮《あかしお》によって魚や貝が死んでしまうなど、沿岸での養殖に被害《ひがい》が出ることが多くなってきました。また、過密《かみつ》養殖やえさなどによる海の汚《よご》れや、温暖化《おんだんか》による海水温の上昇《じょうしょう》も問題となっています。

一方で、水産物の需要《じゅよう》は世界的に増《ふ》えています。右上のグラフを見ると、世界の1人あたりの水産物の消費量《しょうひりょう》は50年前から2倍になってきています。日本の消費量は年々減《ねんねんへ》ってきていますが、海外とくらべると、まだまだ魚好きといえます。今後は世界人口が増加《ぞうか》し、従来《じゅうらい》の漁業や沿岸の養殖だけでは、需要がまかなえなくなるとも予測《よそく》されています。

このような背景《はいけい》から「陸上養殖」が注目されています。大手企業《きぎょう》やベンチャー企業も参入するようになってきました。その理由として、温暖化の被害をあまり受けずに環境《かんきょう》負荷も減らすことができる陸上養殖の技術《ぎじゅつ》が発達したことなどがあげられます。現在は、刺《さ》し身《み》やすしネタとして人気のサーモンを中心に、陸上養殖のプロジェクトが立ち上がってきています。

赤潮《あかしお》が起こると、プランクトンが異常《いじょう》発生して、魚のえらにつまったり、プランクトンの呼吸《こきゅう》で水中の酸素《さんそ》が少なくなったりして、養殖《ようしょく》の魚が死んでしまうことがあります。赤潮は工場や家庭の排水《はいすい》や、養殖のえさの食べのこしなどにより、海の中の栄養分が多くなりすぎて起こります。

1人あたりの水産物の消費量《しょうひりょう》

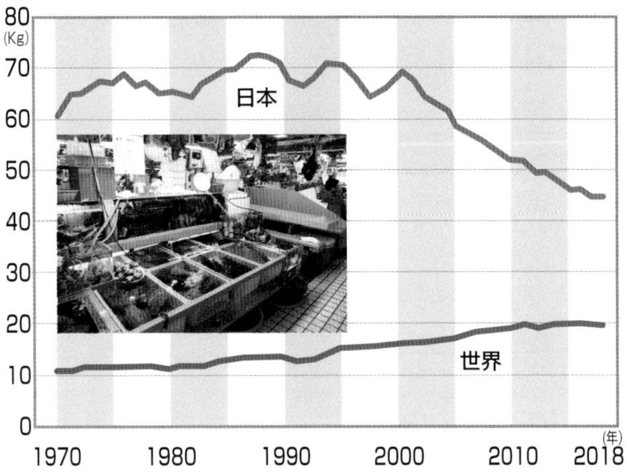

（水産白書）

陸上養殖《ようしょく》業者数の推移《すいい》

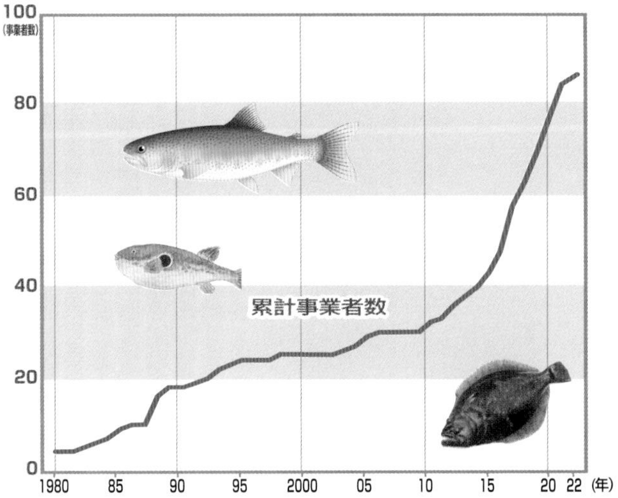

（水産庁）

●陸上養殖《ようしょく》の方法

陸上養殖《ようしょく》は、大きく分けて2つの方法があります。1つは、海や地下からポンプで水をくみあげて、使用後に水を浄化《じょうか》して、海や川に排水《はいすい》する「かけ流し式」です。この方式は、設備投資《せつびとうし》が少なくてすみ、主流になっていました。しかし、海水を通して病気が魚に広がったり、排水が海の環境《かんきょう》を悪化させたりするかもしれないというリスクがありました。

もう1つは、海水を取りこまず、外部に排水もしない「閉鎖循環式《へいさじゅんかんしき》」です。使った水を浄化して、再び水槽《すいそう》に入れる水族館と同じ仕組みで魚を飼育《しいく》

かけ流し式

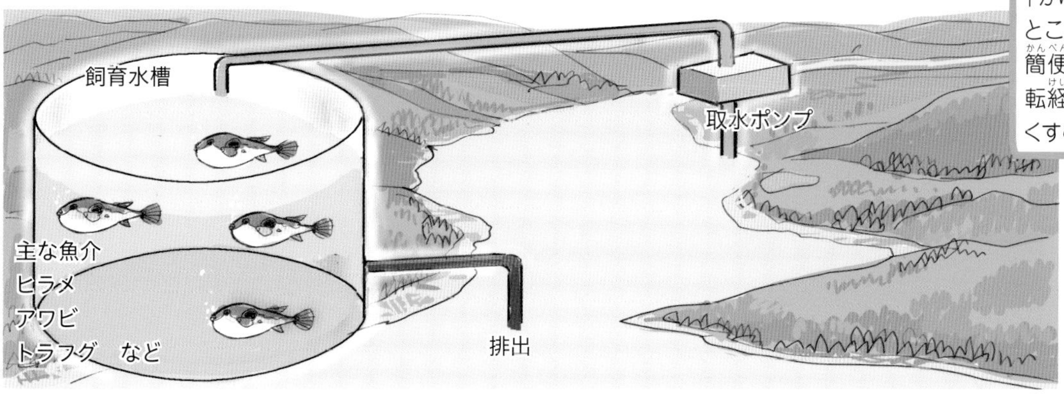

閉鎖循環式《へいさじゅんかんしき》

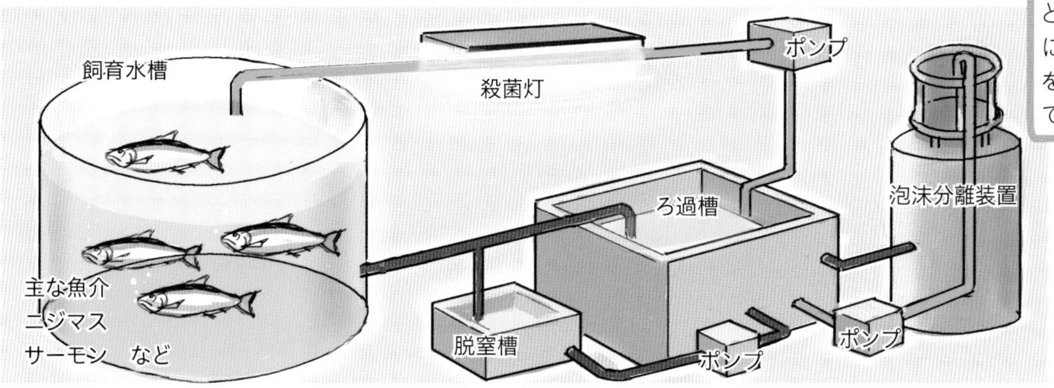

します。この方式は、養殖に人工水を使うので、海水から感染《かんせん》する危険性《きけんせい》もなく、周辺の環境を汚《よご》すことも少なくなります。

また閉鎖循環式の養殖場《ようしょくじょう》は、海の近くにこだわらず陸上のどこにでもつくることができるので、近くの消費者《しょうひしゃ》は新鮮《しんせん》な水産物を食べられます。事業者も長い輸送《ゆそう》にともなう二酸化炭素《にさんかたんそ》（CO_2）の排出《はいしゅつ》を減《へ》らすことができます。

「閉鎖循環式《へいさじゅんかんしき》」の陸上養殖場《ようしょくじょう》

（写真提供:FRDジャパン）

●「閉鎖循環式《へいさじゅんかんしき》」への期待

陸上養殖《ようしょく》は、従来《じゅうらい》の養殖とちがい、屋内で飼育《しいく》されるので、気候の影響《えいきょう》がなく、安定的な生産がみこまれます。また、水温、水流、えさも計画的に管理でき、医薬品も使用しないので消費者《しょうひしゃ》からのトレーサビリティーの対応《たいおう》もできます。また海上作業がないことで危険性《きけんせい》もなくなります。

いいことばかりのようですが、課題もあります。たとえば、施設《しせつ》の建設費《けんせつひ》や機械の導入費《どうにゅうひ》、水温管理の電気代などの費用《ひよう》がかかること、停電《ていでん》の際《さい》のバックアップ電源《でんげん》の確保《かくほ》などが主なものです。

そういったいくつかの課題もありますが、家畜《かちく》の肉生産より環境《かんきょう》にやさしい、限《かぎ》りある海洋資源《しげん》を減《へ》らさない、世界の水不足地域《ちいき》でのタンパク質《しつ》の生産手段《しゅだん》への貢献《こうけん》などメリットも多く、今後広がっていくと考えられています。

※トレーサビリティー　食品の生産者、生産日、生産方法などの生産についての情報《じょうほう》や、流通の経路《けいろ》などの情報を消費者《しょうひしゃ》自身が確認《かくにん》できる仕組み。

食料危機《きき》を救《すく》ってきた品種改良

今から約3000年前に始まったといわれる日本の稲作《いなさく》は、これまでさまざまな苦難《くなん》をくり返してきました。夏に気温が低いことによって起こる「冷害」など、気象条件《きしょうじょうけん》の悪化による影響《えいきょう》のほか、害虫の発生などにより極端《きょくたん》に収穫量《しゅうかくりょう》が減少《げんしょう》する凶《きょう》作《さく》に見舞《みま》われてきたのです。

凶作によって米をはじめとする農作物の収穫量が不足すると、餓死《がし》する人たちが増《ふ》えてしまうため、凶作を避《さ》けて毎年一定の量以上の収穫を得《え》るための手段《しゅだん》を考えなければなりませんでした。

生きていくためには、天候などによって左右されずにすむ方法はないものだろうか？と農民は考えました。何としても収量性《しゅうりょうせい》（同じ面積から収穫できる農作物の分量）を高める必要にせまられていた中で、自然発生して発見された救済策《きゅうさいさく》が「品種改良」です。

品種改良は時代の流れとともにさまざまな方法が発見され、収量性を高くして食料危機《きき》を救《すく》ってきました。未来の食料事情《じじょう》を豊《ゆた》かにするためにも欠かすことのできない品種改良について考えていきましょう。

●メンデルの法則《ほうそく》が日本に伝わった

日本の稲作《いなさく》の品種改良は、明治《めいじ》時代まではごくまれに起こる自然の突然変異《とつぜんへんい》によって始まりました。それまでにはなかった「変わり種」といわれるものが稲《いね》の中に現《あらわ》れると、その中から自分たちの地域《ちいき》の気候に合ったものを調べて選び、その種を植えることで冷害や病気から稲を守っていたのです。これが「分離育種法《ぶんりいくしゅほう》」といわれる方法で、品種改良の原点とされています。

しかし、自然の突然変異に頼《たよ》るだけの品種改良では、収量性《しゅうりょうせい》に大きな進歩は見られませんでした。農家はあい変わらず冷害や害虫などによる凶作《きょうさく》と背中合《せなかあ》わせの状態《じょうたい》が続き、人々《ひとびと》は無事に米を収穫《しゅうかく》できるようにと天に祈《いの》るしかなかったのです。

その後、明治時代の終わりごろになって、日本に遺伝学《いでんがく》の基礎《きそ》とされる「メンデルの法則《ほうそく》」が伝えられました。生物のいろいろな性質《せいしつ》は、それぞれが持つ遺伝子《いでんし》によって伝えられるという考え方です。遺伝子の仕組みを解明《かいめい》したこの法則に基《もと》づいて、選びたい性質をもっと多く人の手によってつくり出すことができれば、よりよい品種が早く生まれる可能性《かのうせい》が高くなります。

こうして生まれたのが「交雑育種法《こうざついくしゅほう》」というやり方で、人工的に変異《へんい》をつくり出す方法です。そのうちで一番使われている方法が、人工交配といわれる異《こと》なった品種をかけ合わせるやり方です。この方法を使って、「寒さに強い」「病気に強い」「倒《たお》れにくい」といった目的に合わせた品種改良が可能《かのう》になりました。米をはじめとする農作物の収穫量《しゅうかくりょう》は安定して、収量性は飛躍的《ひやくてき》に向上したのです。

品種改良の仕組み

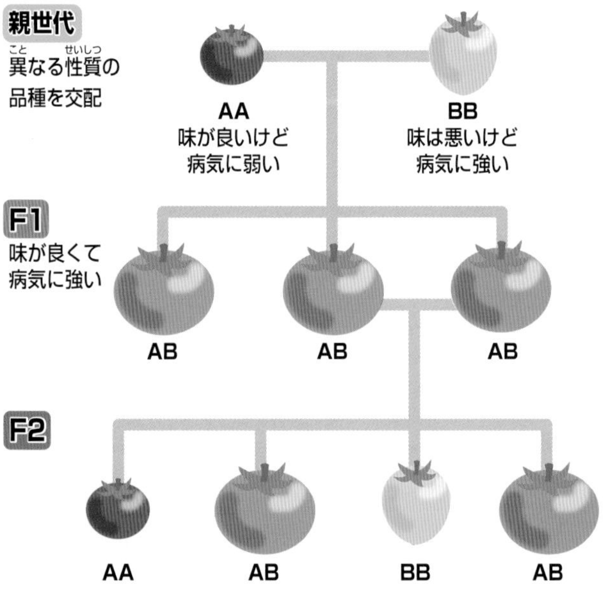

F1 どうしを交配するといろいろな性質《せいしつ》が現《あらわ》れる

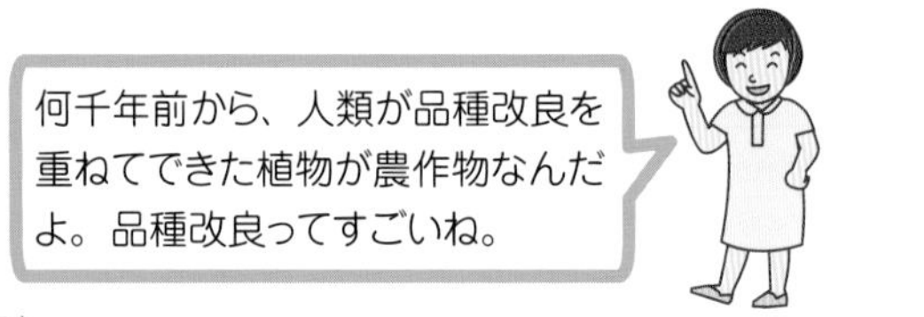

●米の品種改良

1893年に日本政府《せいふ》は農事試験場（現在《げんざい》の農業試験場）を開設《かいせつ》し、稲《いね》の品種改良を本格《ほんかく》的に開始しました。目的は収量性《しゅうりょうせい》の向上と、冷害や病気・害虫に強い品種を発見してつくり出すことでした。稲はもともと暖《あたた》かい気候で育つ植物です。では、どうして日本では寒い所でたくさん収穫《しゅうかく》されているのでしょう。

その理由は品種改良にあります。農業試験場では寒さに強い稲をつくるため、田んぼに冷たい水を流して冷害に近い状態《じょうたい》をつくり、その中でも負けずに育ちぬいた稲をさがします。その稲と、味のよい稲とを人工的にかけ合わせ、これをねばり強く何年も続けていくことによって、寒さに強く、しかもおいしい米のなる稲に育つのです。このように品種改良を行うことで、寒い地域《ちいき》でも米づくりができるようになったのです。

1921年に冷害に強い品種と味のよい品種をかけ合わせた「陸羽《りくう》132号」という優良《ゆうりょう》品種が生まれました。1956年に誕生《たんじょう》したブランド米の元祖《がんそ》ともいわれる「コシヒカリ」は、陸羽132号の孫でした。コシヒカリは甘《あま》みとねばりが強く、つやと香りもよいと評判《ひょうばん》で、やがて全国でつくられるようになりました。現在、日本で栽培《さいばい》されている米の種類は300品種以上ありますが、その中でもコシヒカリはずっと生産量第１位のままです。

現在も農業試験場では、寒さに強くおいしい米をつくるための品種改良の研究を続けています。

米の品種改良　きらら 397 ができるまで

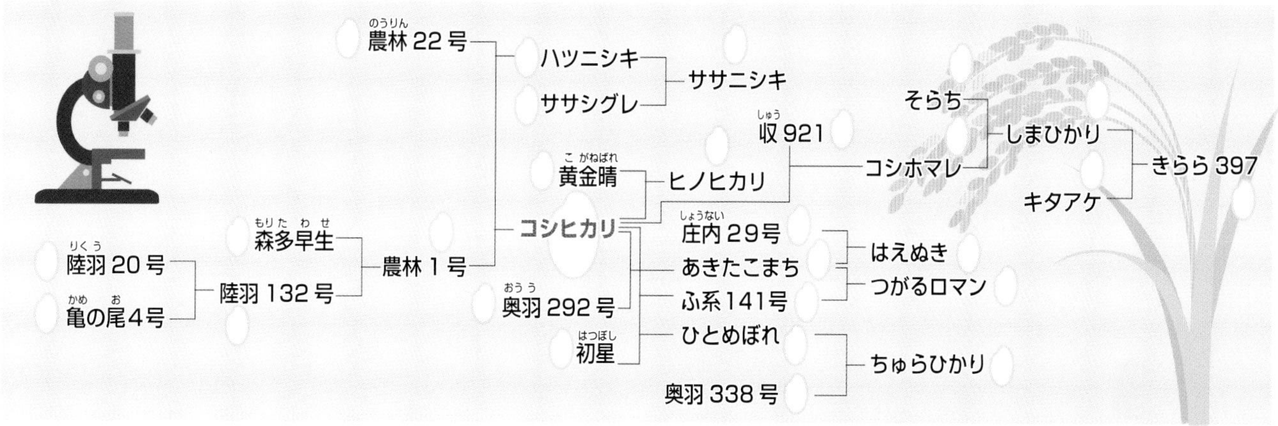

人工交配によってつくられた稲《いね》の品種第一号は、1921（大正10）年につくられた「陸羽《りくう》132号」で、「陸羽20号」と「亀《かめ》の尾《お》4号」をかけ合わせたものです。陸羽20号は、昔からあった「愛国」から品種改良してつくられた、病気に強い品種です。一方で「亀の尾4号」は、病気に弱いが寒さに強く、品質《ひんしつ》が良くておいしい品種です。これに「陸羽20号」をかけ合わせて「陸羽132号」ができました。「陸羽132号」は、「農林1号」を経由《けいゆ》してコシヒカリやササニシキ、きらら397の先祖《せんぞ》になっています。

きらら 397

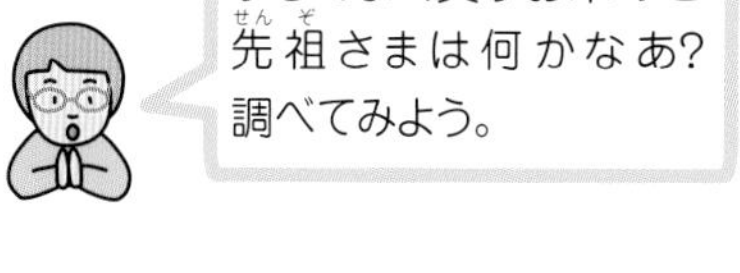

種《たね》を考える－「F1」と「固定種」

いま世界の農家で使われているほとんどの種《たね》は、「F1」と呼《よ》ばれる一世代限《かぎ》りしか使えないものです。この種から生まれた野菜や果物は同じ成育のしかたをし、同じ形になり、同じ時期に安定して収穫《しゅうかく》でき、大量生産に向いています。しかし、同じ形質《けいしつ》を次世代に伝えられないため、翌年《よくとし》また種を購入《こうにゅう》しなければなりません。こうしたF1の種は、食料生産の効率化《こうりつか》のために増《ふ》え続けています。

一方、「固定種」と呼ばれ、自家採種《じかさいしゅ》できる種を使う農家もいます。固定種は翌年も同じ形質を持った種がとれるので、その種をまくと同じ品種の作物がつくれます。地域《ちいき》の気候や風土に適応《てきおう》し、その土地の伝統《でんとう》品種といわれる野菜や果物に多くなっています。しかし、生育や形にバラつきが出やすいため、大量生産の流通システムにはあまり適《てき》していません。

※**自家採種《じかさいしゅ》**　農家が、育てた農作物から自分で種《たね》をとること。

ゲノム編集《へんしゅう》食品を考える

　わたしたち人間が生きていくうえで、食料は不可欠《ふかけつ》なものですが、これから先の時代に向けては、食料が不足する事態《じたい》が予測《よそく》されています。こうした不安を解消《かいしょう》しようと、さまざまな技術《ぎじゅつ》を駆使《くし》し、これまでになかった食品をつくろうという動きが、21世紀《せいき》に入ってから加速しています。

　そのうちのひとつに、バイオテクノロジーの発達によって生み出された製法《せいほう》による「ゲノム編集《へんしゅう》食品」があります。

　ゲノム編集食品という言葉が一般的《いっぱんてき》に知られるようになったのはつい最近で、ひと言でいうと、植物や動物といった生き物の遺伝子《いでんし》に人の手を加えて変化させることでつくられた食品のことです。

　また一方では、ゲノム編集に先立ち、生き物の遺伝子を改変する方法として、食品づくりに活用されてきた「遺伝子《いでんし》組《く》み換《か》え」という技術があります。この2つの技術の仕組みを考えてみましょう。

※**バイオテクノロジー**　生物学（バイオロジー）と技術《ぎじゅつ》（テクノロジー）を組み合わせた造語《ぞうご》。遺伝子《いでんし》や細胞《さいぼう》などを研究し、医療《いりょう》、農業、食品、エネルギーなどさまざまな分野に応用《おうよう》する研究。

ゲノムとは

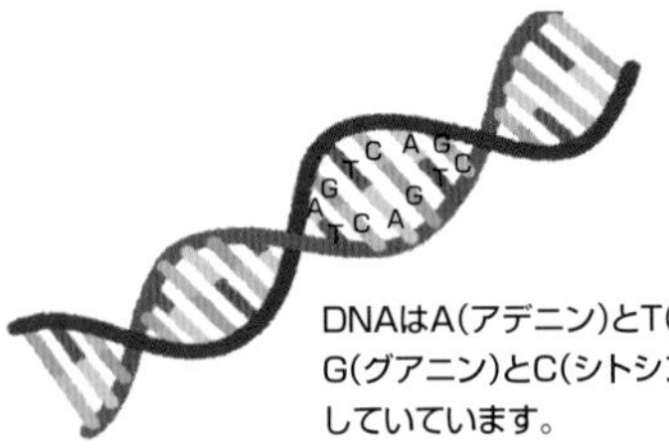

DNAはA(アデニン)とT(チミン)、G(グアニン)とC(シトシン)が結合していています。

生物の細胞《さいぼう》の中にはDNA（デオキシリボ核酸《かくさん》）と呼《よ》ばれる物質《ぶっしつ》がふくまれています。DNAはA（アデニン）、T（チミン）、G（グアニン）、C（シトシン）で表現《ひょうげん》される4種類の物質《ぶっしつ》が連なってできています。このDNAのすべての情報《じょうほう》をゲノムと呼びます。また、DNAの中でも生物の性質《せいしつ》や特徴《とくちょう》を決める重要な部分を遺伝子《いでんし》といいます。遺伝子をもとにしてタンパク質《しつ》がつくられます。

●遺伝子《いでんし》組《く》み換《か》え食品

　遺伝子《いでんし》は、生き物の形や特性《とくせい》を決めるものです。遺伝子《いでんし》組《く》み換《か》えとは、ある生き物の遺伝子に、本来その生き物がもっていない遺伝子を、外の他の生き物から取り出して、組《く》み込《こ》む技術《ぎじゅつ》のことをいいます。

　例えば、味はよいのですが病気に対して弱い作物に、病気に強い品種の遺伝子を組み込んだり、花は大きくて美しいけれども白い色しか咲《さ》かない特性がある花の遺伝子に、白ではない色の花を咲かせる品種の遺伝子を導入《どうにゅう》するというようなことです。それぞれの特性に変化をもたらす方法が、遺伝子組み換えです。

　従来《じゅうらい》から行われてきた品種改良の場合は、自然の交配や人工交配の中で偶然《ぐうぜん》に発生して突然変異《とつぜんへんい》したものを利用し、時間をかけて新しい品種をつくり出すという方法でした。しかし、遺伝子組み換えでは、新しく付け加えたい、目的とする特性に合わせて、人工的に別の遺伝子を組み入れることで、品種改良を手早く行っていきます。この点が、これまでの品種改良との大きな違《ちが》いです。

遺伝子《いでんし》組《く》み換《か》えによる品種改良

●遺伝子《いでんし》組《く》み換《か》え食品の表示《ひょうじ》問題と安全性《あんぜんせい》

　日本は遺伝子《いでんし》組《く》み換《か》え作物の栽培国《さいばいこく》ではありませんが、大量の消費国《しょうひこく》となっています。大豆、トウモロコシ、ナタネ、ジャガイモなど遺伝子組み換え技術《ぎじゅつ》でつくられた作物を輸入《ゆにゅう》しているため、味噌《みそ》や豆腐《とうふ》、菓子《かし》などさまざまな遺伝子組み換え食品が流通しています。国は遺伝子組み換え食品かどうかの表示《ひょうじ》を義務《ぎむ》づけていますが、原材料における割合《わりあい》がごく少量の場合などは省略《しょうりゃく》できるとしています。また、安全性《あんぜんせい》についての検証《けんしょう》がまだ不十分で不安だと懸念《けねん》する声も残っています。

ゲノム編集《へんしゅう》のしくみ

模式図

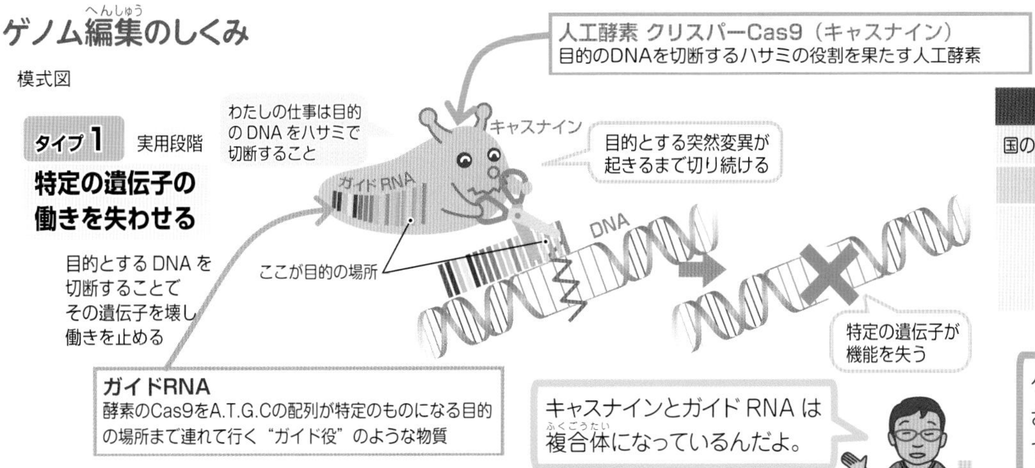

食品衛生法での扱い	
国の安全性審査	不要
表示	義務なし
理由	自然界で起きる突然変異や品種改良と変わらない（厚生労働省）

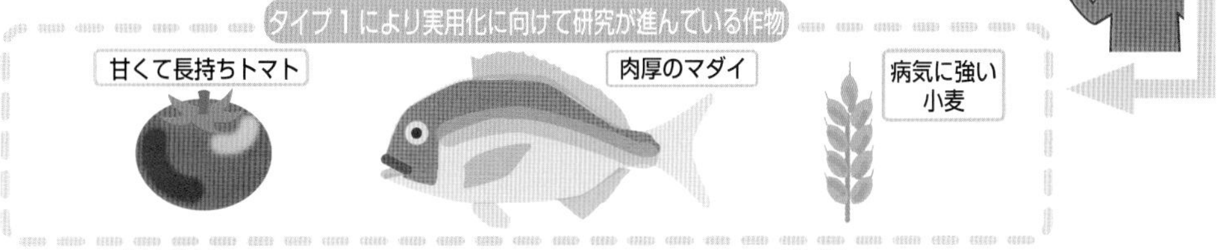

ゲノム編集技術《へんしゅうぎじゅつ》は、タイプ1～3までが考えられていて、現在《げんざい》タイプ1が実用段階《だんかい》になってきたといわれます。クリスパーCas9という人工酵素《こうそ》が、特定の遺伝子《いでんし》を切り落とし、その働きを失わせます。たとえば、肉厚《にくあつ》のマダイをつくるために、筋肉《きんにく》の成長をおさえるDNAをクリスパーCas9で切断《せつだん》、この遺伝子が壊《こわ》れるので逆《ぎゃく》に筋肉の量が増《ふ》えたマダイがつくられます。

タイプ2 研究段階

1～数種類の手本となる配列をもつDNAの断片を組み込む

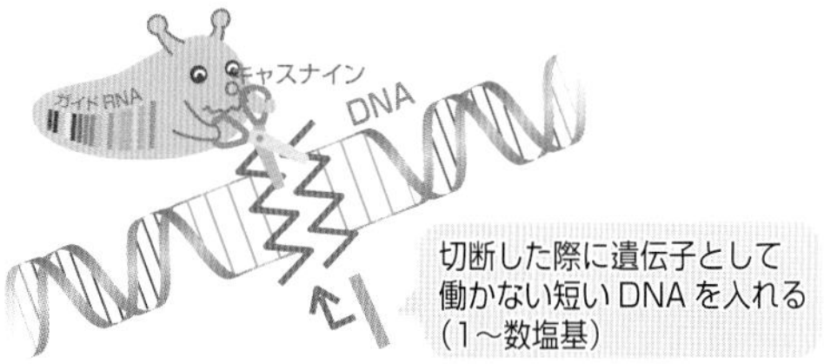

食品衛生法での扱い	
国の安全性審査	基本的に不要
表示	基本的に不要
理由	一部に自然では起こらない配列をもつDNAが挿入されている（厚生労働省）

＊タイプ2で遺伝子組み換えと同じとみなされるものは安全審査を必要としています。

タイプ3 研究段階

外部から目的とする配列をもつ大きな遺伝子を入れ、目的の変異が起きた後そのDNAをとりのぞく

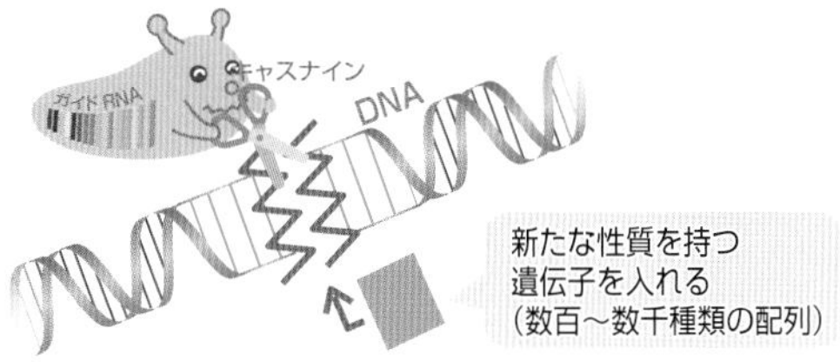

食品衛生法での扱い	
国の安全性審査	必要
表示	必要
理由	外来の遺伝子が入ったり、自然では起こらない配列の遺伝子が挿入されている（厚生労働省）

＊タイプ3は遺伝子組み換えと同じなので安全審査を必要としています。

●ゲノム編集とは

ゲノム編集《へんしゅう》のタイプ1（上図）では、遺伝子組《いでんしく》み換《か》えのように別の品種の遺伝子《いでんし》を用いるのではなく、生き物自身が細胞内《さいぼうない》にもっている遺伝子に手を加え、特性《とくせい》に変化をもたらします。改良したい品種の特性の元となる遺伝子を、酵素《こうそ》を使って切断《せつだん》し、細胞の内部に起こる遺伝子の変異《へんい》を人工的に起こすという技術《ぎじゅつ》です。

タイプ2と3は、まだ研究段階《だんかい》で、どちらも、タイプ1と違《ちが》って、外部から遺伝子を組《く》み込《こ》むことになります。とくに、より大きな遺伝子を組み込むタイプ3は、必ず国の安全審査《しんさ》を必要とします。目的の変異が起きた後、外部からの遺伝子は取りのぞかれ、そのことを開発者は国に報告《ほうこく》しなければなりません。

●ゲノム編集《へんしゅう》食品の長所と心配な点

ゲノム編集《へんしゅう》食品は、過去《かこ》の長い歴史《れきし》の中では存在《そんざい》しなかった生命の設計図《せっけいず》をもとにつくり出されるものです。欧米《おうべい》では、日本に先駆《さきが》けて研究や開発、商品としての販売《はんばい》が進んでいますが、人びとの間では「未知のリスクがあるのでは？」と心配する声もあります。

ゲノム編集食品の長所には次の３点があります。

①コスト削減《さくげん》
②外から他の遺伝子《いでんし》が入らない
③貧困《ひんこん》や飢餓《きが》の減少《げんしょう》に役立つ

①は、人工的に突然変異《とつぜんへんい》を起こせることから、品種改良のための時間やお金のコストを大きく削減できることです。②は、遺伝子組《いでんしく》み換《か》えとは異《こと》なり外から別種の遺伝子を入れないため、拒否反《きょひはん》応《のう》など予期せぬ事態《じたい》が起こることがないことです。③は、収穫量《しゅうかくりょう》を増《ふ》やせることで貧困や飢餓を救《すく》うことにつながる、というのがその理由です。

一方で、ゲノム編集食品は開発から商品化されてからの歴史が浅いため、安全性《あんぜんせい》について未知数な部分が多いのが実情《じつじょう》です。

消費者《しょうひしゃ》から不安視《ふあんし》されていることとしては、次のようなことがあります。

①ねらった遺伝子以外のものを切り取ってしまうことで、新たなアレルゲン（アレルギー原因物《げんいんぶっ》質《しつ》）や有害な物質が発生する可能性《かのうせい》があること
②遺伝子組み換え食品には義務付《ぎむづ》けられている、表示義務《ひょうじぎむ》や安全性審査《しんさ》が存在しないこと

このうち②は国により対応《たいおう》が分かれています。

ノーベル賞《しょう》を受賞《じゅしょう》したゲノム編集《へんしゅう》の技術《ぎじゅつ》

2020年、アメリカとドイツの女性学者《じょせいがくしゃ》ダウドナ氏とシャルパンティエ氏（フランス出身）が、ねらった部位で遺伝子《いでんし》のDNAを切断《せつだん》する技術《ぎじゅつ》を開発し、ノーベル化学賞《かがくしょう》を受賞《じゅしょう》しました。「クリスパーCas9《キャスナイン》」と呼《よ》ばれ、特定の遺伝子の機能《きのう》を加えたり失わせたり改変できる技術です。すでに農作物や水産物の品種改良などに使われ、従来《じゅうらい》よりも効率《こうりつ》的で早いことから成果を上げています。また、難病《なんびょう》の治療《ちりょう》などへの応用《おうよう》も期待されています。しかし一方では、人間の受精卵《じゅせいらん》でも遺伝子操作《そうさ》が可能《かのう》になるなど倫理的《りんりてき》な問題が残されています。

この技術には、日本の化学者である石野良《いしのよし》純《ずみ》さんが発見したクリスパーと呼ばれる遺伝子の配列が使われています。

●ゲノム編集《へんしゅう》食品の表示《ひょうじ》問題

日本では現在《げんざい》、ゲノム編集《へんしゅう》によってつくられた食品がスーパーなど店頭に並《なら》んでも見分けることはできません。なぜなら、食品についての安全性《あんぜんせい》や環境《かんきょう》への影響《えいきょう》などを調査《ちょうさ》・評価《ひょうか》してルールづくりするはずの農林水産省・厚生労働省《こうせいろうどうしょう》・消費者庁《しょうひしゃちょう》など国の行政《ぎょうせい》が、食品のゲノム編集については届《とど》け出や表示《ひょうじ》を義務付《ぎむづ》けていないためです。

このことが、生産者や消費者《しょうひしゃ》にとって大きな問題となっています。特に、有機農業に関係する人たちは危機感《ききかん》を抱《いだ》いています。なぜなら、有機農産物や有機食品は農水省の認証《にんしょう》を経《へ》たものが消費者に届きますが、農水省の見解《けんかい》ではゲノム編集されたものは有機農産物・食品と認《みと》められないからです。例えば、もしもゲノム編集されている種《たね》を知らずに有機農家が購入《こうにゅう》してしまうと、それは「有機農産物」としては販売《はんばい》できなくなります。

そこで、有機農業の生産者や消費者の団体《だんたい》では、自分たちで「OKシードマーク」を表示し、ゲノム編集などの遺伝子操作《いでんしそうさ》をしていない作物であることを示《しめ》す取り組みが始まっています。

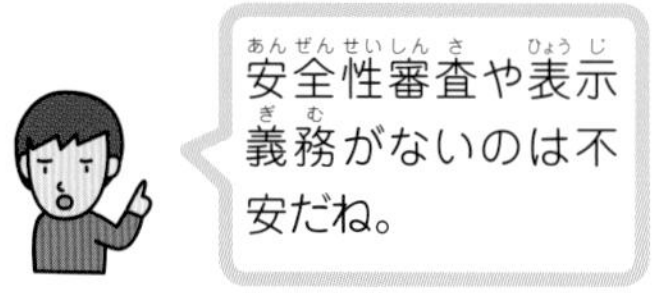

●ゲノム編集《へんしゅう》の問題点と今後の課題

現在《げんざい》のゲノム編集《へんしゅう》の技術《ぎじゅつ》では、目的と異《こと》なる遺《い》伝子《でんし》の部位が切断《せつだん》されてしまう現象《げんしょう》が報告されています。その場合、意図しない遺伝子の改変が生じることが問題です。

医療《いりょう》分野においては、まだ治療法《ちりょうほう》が確立《かくりつ》していない難病《なんびょう》や遺伝性《いでんせい》の病気などの治療《ちりょう》において、ゲノム編集の技術が期待されています。

しかし、技術の安全性《あんぜんせい》が確《たし》かでない現段階《げんだんかい》ではさまざまな課題が残されています。技術レベルでの安全性とともに、どのようなルールのもとでゲノム編集技術を使用するかについて国際的な議論《ぎろん》と合意が必要です。

藻《も》は未来も魅力《みりょく》ある水中資源《しげん》

藻類《そうるい》というと、何を思《おも》い浮《う》かべますか？

ワカメやコンブなどの大型《おおがた》の海藻《かいそう》が一番よく知られていますが、ミドリムシやクロレラ、ケイソウといった、顕微鏡《けんびきょう》でしか見ることのできないようなごく小さなものも、また藻類の仲間です。陸上以外で光合成を行う生物、これが藻類です。

藻類には、二酸化炭素《にさんかたんそ》の削減《さくげん》という、環境《かんきょう》分野での大きな役割《やくわり》があります。それに加えて、タンパク質《しつ》やミネラルといった豊富《ほうふ》な栄養素《えいようそ》がふくまれていることがよく知られています。この性質《せいしつ》を活用し、医療《いりょう》や健康、そして食品など多くの分野での製品《せいひん》開発が期待できるとして、産業化が進んでいます。

ここでは、古くから食物として親しまれてきた大型の藻類ではなく、新しく誕生《たんじょう》してきた微細《びさい》な藻類に由来する食品を中心に紹介《しょうかい》します。

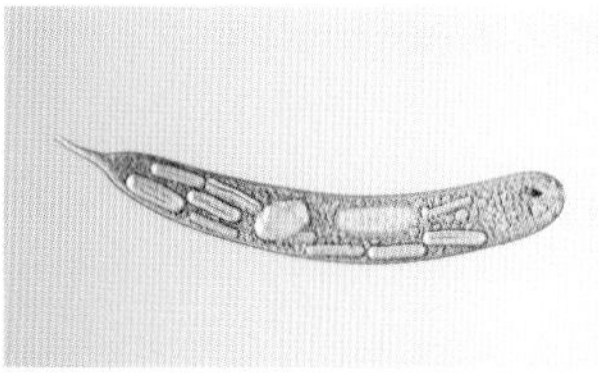

ミドリムシ

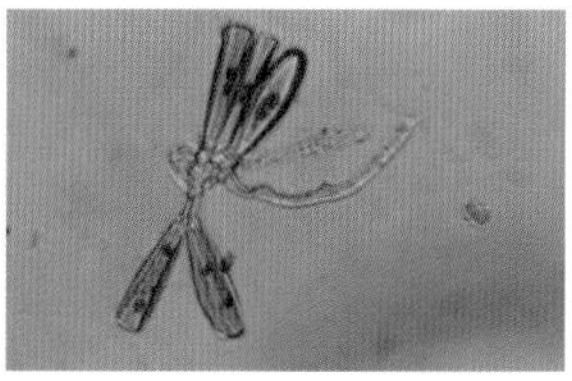

ケイソウ

●健康に役立つ藻類《そうるい》を利用した品

藻類《そうるい》には、ひじょうに多くの栄養素《えいようそ》がふくまれています。タンパク質《しつ》・炭水化物・脂質《ししつ》・ビタミン・ミネラル、さらには食物繊維《しょくもつせんい》・アミノ酸《さん》など、まさに栄養素の宝庫《ほうこ》といえるでしょう。

その中でも特に注目すべきはタンパク質です。藻類を乾燥《かんそう》させたときの重量の約40～60％もあり、植物性《しょくぶつせい》タンパク質の代表格《だいひょうかく》である大豆と比較《ひかく》しても、それ以上に多いとされています。

たくさんの栄養素をふくむ藻類食品ですが、日本では、今から半世紀《はんせいき》以上前に藻類の特性《とくせい》に注目し、クロレラが食品として市販《しはん》されたのが最初でした。これをきっかけとして、その後は他種の藻類の食品が少しずつ増《ふ》え、最近では多数の商品がドラッグストアなどの店頭に並《なら》んでいます。

微細《びさい》な藻類を利用した食品が求められる背景《はいけい》には、タンパク資源《しげん》としての安定した補給《ほきゅう》と、健康意識《いしき》の高まりという2つの要素《ようそ》があります。

タンパク質の補給については、世界の人口増加《ぞうか》に伴《ともな》って畜産《ちくさん》による供給《きょうきゅう》が追い付かないことが予《よ》測《そく》されていることから、持続的な供給が可能《かのう》な藻類が注目されているという事情《じじょう》があります。一方の健康意識の高まりは、日本をふくむ先進国での高齢化《こうれいか》の進行によるものであり、藻類のもつ豊富《ほうふ》な栄養素を利用して健康を得《え》ようというものです。

このような需要《じゅよう》の増加は今後さらに大きくなる傾向《けいこう》にあり、それにつれて新しい商品開発が誕生《たんじょう》してくるものと考えられています。

海の森「藻場《もば》」を守るために

陸地が海に接《せっ》する沿岸《えんがん》には、海面の下に藻《も》の群落が広がる「藻場《もば》」ができています。藻場は、わたしたちに食料となる多くの海藻《かいそう》を提供《ていきょう》してくれるとともに、魚や貝類、生き物の生息地になっています。藻場は、太陽光を取り入れて光合成が行われる場所でもあり、二酸化炭素《にさんかたんそ》の削減《さくげん》という地球環境《かんきょう》への貢献度《こうけんど》では陸上の森林に劣《おと》らない働きをしています。

しかし今、この藻場が減少《げんしょう》しています。埋《う》め立てなど開発による土砂《どしゃ》が流入し、産業や生活の場で化学物質《ぶっしつ》が多用されている現状《げんじょう》では、沿岸の水質汚染《すいしつおせん》が深刻《しんこく》です。さらに、気候変動による海水温の上昇《じょうしょう》も藻場を減少させる原因《げんいん》です。藻場が減少すると、そこに生息する生き物も生きられなくなります。南極にはナンキョクオキアミという大きさが5～6センチのエビに似《に》た生き物がいて、クジラやアザラシ、ペンギンなどの鳥や動物の食べ物になっていますが、年々《ねんねん》減少しています。海に囲《かこ》まれた日本列島でも藻場の減少が進んでいます。豊《ゆた》かな水産資源《しげん》であり、海の生態系《せいたいけい》を守っている藻場について、わたしたちもなにができるのか考えてみましょう。

未来を救《すく》うスーパーフード昆虫食《こんちゅうしょく》

　最近では、新たなタンパク資源《しげん》として注目を集めているのは植物肉をはじめとした代替肉《だいたいにく》ですが、そのつぎに期待されているのが「昆虫食《こんちゅうしょく》」です。

　虫を食べるというと、ギョッとする人もいるでしょう。ところが、日本では江戸《えど》時代以降《いこう》に、すでに食べられるようになっています。特に、食料難《なん》となった第二次世界大戦中や戦後には、全国各地で貴重《きちょう》なタンパク資源として昆虫《こんちゅう》が食材とされました。

　経済《けいざい》成長が進むと昆虫を食べる習慣《しゅうかん》はだいぶなくなりましたが、最近になって再《ふたた》び見直されてきています。主な理由は、牛や豚《ぶた》、にわとりなどの畜産品《ちくさんひん》に比《くら》べ、環境《かんきょう》にあたえる負荷が小さいわりに栄養価《えいようか》が高いことにあります。魚の養殖《ようしょく》のえさとしても従来《じゅうらい》からの魚粉《ぎょふん》よりも安いため、需要《じゅよう》が高まってきました。

　このような動きが進み、昆虫食をビジネス化しようという企業《きぎょう》が生まれ、これまでは異業種《いぎょうしゅ》だった企業が新しく昆虫食事業を開始するケースも増《ふ》えています。

食用の昆虫《こんちゅう》の割合《わりあい》

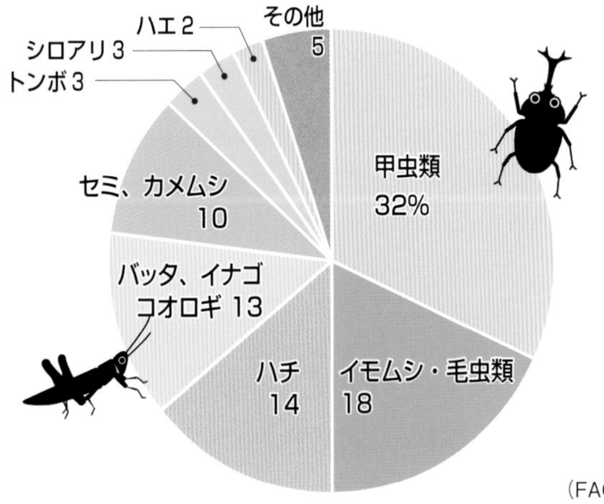

（FAO）

タンパク質 1kg を生産するのに必要な水と飼料《しりょう》

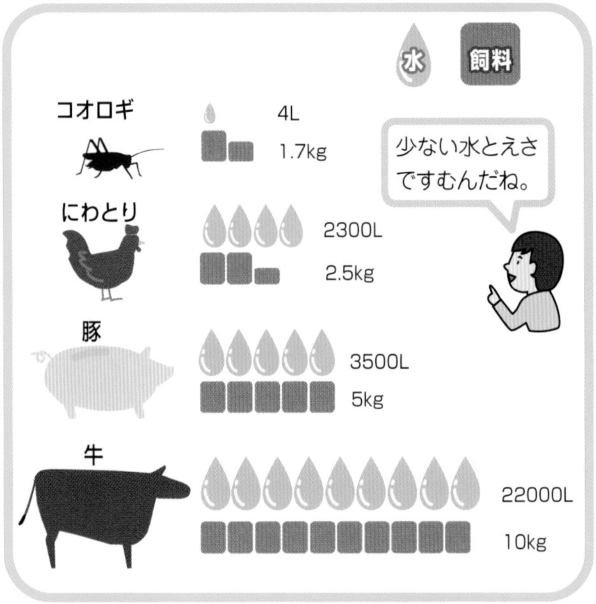

●次世代のタンパク資源《しげん》

　昆虫食《こんちゅうしょく》は、貴重《きちょう》な動物性《どうぶつせい》タンパク資源《しげん》として古く江戸《えど》時代から知られています。大正《たいしょう》時代の全国調査《ちょうさ》では、55種の昆虫が41都道府県で食べられていたことが記録されています。その代表がイナゴで、ほかにはハチの子やカイコのサナギなども、多くの地域《ちいき》で食べられてきました。昆虫は伝統食材《でんとうしょくざい》なのです。

　ところが戦後になると、農業や畜産《ちくさん》が盛《さか》んになって、動物性タンパク質《しつ》が安定して供給《きょうきゅう》されるようになりました。また、農薬の使用や宅地《たくち》開発などの影響《えいきょう》によって昆虫が減少《げんしょう》し、食文化の変化や人びとの意識《いしき》の変化など、いくつもの要因《よういん》が重なり、一部の地域を除《のぞ》いて昆虫食の伝統はすたれてしまいました。

　こうした中、最近になって「次世代のタンパク源《げん》」として昆虫食の価値《かち》が見直されてきました。きっかけは2013年の国連食糧農業機関《こくれんしょくりょうのうぎょうきかん》（FAO）が公表したレポートにあります。世界の人口増大《ぞうだい》に伴《ともな》い、今後は動物性タンパク質の需要《じゅよう》が拡大《かくだい》し、家畜《かちく》だけでは足りなくなると予測《よそく》しました。

　そこで注目が集まったのが昆虫食です。昆虫から得《え》られる栄養価《えいようか》は畜産物に劣《おと》らないといわれています。にわとりの卵《たまご》とコオロギの100gあたりのタンパク質を比《くら》べると、コオロギは62gと卵の12.4gよりも多く豊富《ほうふ》にふくんでいるのです。

●広い用途《ようと》がある昆虫食《こんちゅうしょく》

昆虫食《こんちゅうしょく》が注目されるようになり、その特徴《とくちょう》を生かして地域《ちいき》の活性化《かっせいか》につなげる、さまざまな動きが出てきました。農産物の生産から消費《しょうひ》までの間に発生した食品ロスを雑食性《ざっしょくせい》である昆虫のえさに利用したり、昆虫食品をふるさと納税《のうぜい》として取り扱《あつか》う市町村が少しずつ増《ふ》えています。

昆虫の活用は、人間が直接《ちょくせつ》食べる食品にするだけではありません。魚を養殖《ようしょく》するうえでの飼料《しりょう》(えさ)としても、有効《ゆうこう》に利用するための研究が進められているのです。

近年、日本の海における漁業の生産量は大幅《おおはば》に減少《げんしょう》しています。ブリやマダイ、ウナギのように養殖による生産がほとんどという魚種も多くなりました。今後、食用魚の半分以上は養殖物になるかもしれません。

魚の養殖には大量の飼料が必要であり、生産コストの約６割《わり》を飼料代が占《し》めています。飼料となるのは天然のカタクチイワシなどを加工して製造《せいぞう》する魚粉《ぎょふん》ですが、需要《じゅよう》の増加《ぞうか》や漁獲量《ぎょかくりょう》の減少により、価格《かかく》が上昇《じょうしょう》しています。

そこで最近、注目されているのが昆虫です。高価《こうか》な魚粉に代わり、カイコやヤママユから抽出《ちゅうしゅつ》した粉末《ふんまつ》が、養殖魚《ようしょくぎょ》の新しい飼料として商品化されました。今後はますます活用されていくことでしょう。

その他、家庭用の食材としては、粉末状《ふんまつじょう》のコオロギから調味液《えき》やせんべいなどがつくられて販売《はんばい》され、昆虫食をめぐるビジネスは拡大《かくだい》しています。

イナゴが秋の味覚だった子ども時代

岩手県の広い水田地帯に囲《かこ》まれた町で生まれ育ったという佐々木陽子さん（64歳《さい》）に聞きました。

「秋の稲刈《いねか》りは9月末から10月半ばにかけてですが、その直前の時期にイナゴとりをよくしました。稲穂《いなほ》が黄色く色づいて重くたれ下がる頃《ころ》になると、緑色のイナゴがぴょんぴょん稲穂の間を跳《と》びはねます。その時期もう水は張《は》っていない田んぼに足を踏《ふ》み入《い》れ、稲穂をかき分ける度に跳びはねる大量のイナゴを手で捕《つか》まえて袋《ふくろ》に入れました。友だちと競ってとったものです。家に帰ると「イナゴのつくだ煮《に》」をつくる手伝いです。母が沸騰《ふっとう》させた大鍋《おおなべ》にイナゴを入れると、一瞬《いっしゅん》で赤い色に変わって浮《う》き上《あ》がります。ザルにあげたイナゴを何日か干《ほ》します。新聞紙の上に並《なら》べたり脚《あし》を取ったりするのが子どもの役目でした。カラカラに乾《かわ》いたら母が砂糖《さとう》と醤油《しょうゆ》で煮付《につ》けて、つくだ煮の出来上がりです。
オヤツやご飯のときに食べたものです。」

栄養成分が多いハチの子

昆虫《こんちゅう》は高タンパク、低脂肪《ていしぼう》で肥満《ひまん》になる心配もなく、BSE（牛海綿状脳症《ぎゅうかいめんじょうのうしょう》）などのように畜産物《ちくさんぶつ》から人間に病気が感染《かんせん》する可能性《かのうせい》はほとんどありません。とても安全性《あんぜんせい》が高い食材なのです。

数ある昆虫の中でも、ハチの子は非常《ひじょう》に栄養価が高く体によいものとされています。ハチの子とは、ハチの幼虫《ようちゅう》やサナギのように成虫になる前の子どもの状態《じょうたい》のハチのことを指し、人間に必要な五大栄養素《ごだいえいようそ》といわれるタンパク質《しつ》・炭水化物・脂質《ししつ》・ビタミン・ミネラルがふくまれています。

純粋《じゅんすい》ハチミツと同じようにとても健康にいい食材とされ、最も栄養状態が高い状態で採取《さいしゅ》されたハチの子は、ローヤルゼリーをはるかに上回る栄養成分をふくむといわれています。

長野県のハチの子食品

植物から肉をつくる、代替肉《だいたいにく》って？

近ごろ、「代替肉《だいたいにく》」という言葉を耳にすることがあると思います。代替というのは「他のもので替《か》えること」という意味ですが、最初聞いた時にはいったいどういう意味なのだろう？と、首をひねってしまうかもしれません。実はこの代替肉とは、肉や魚を使わず、大豆など植物に由来する原料でつくられた、肉に似《に》せた食品のことなのです。

大豆は肉に匹敵《ひってき》するぐらい多くのタンパク質《しつ》をふくみ、その他の栄養素《えいようそ》も豊富です。昔から「大豆は畑の肉」といわれてきました。この特長から、大豆を使った代替肉にはハンバーガーやハム、ナゲットなどがあり、最近ではさまざまな食品の材料として使われるようになりました。また、大豆を加工してつくる豆腐《とうふ》や納豆《なっとう》は、古くから日本にある代表的な代替肉食品といってよいでしょう。

では、植物に由来する代替肉とは、どのようにしてつくられるのか。どうして世界的に注目されているのか。これから先はどのように進化していくのか。これらについて考えてみます。

代替肉《だいたいにく》のつくり方（大豆の場合）

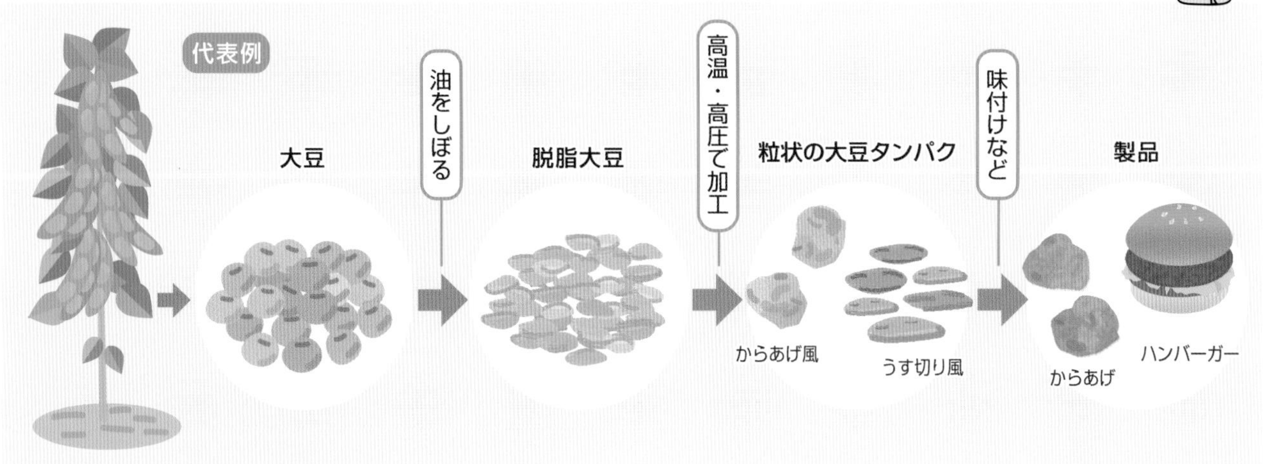

●代替肉《だいたいにく》とは結局なにからつくられる？

代替肉《だいたいにく》の原料には、大豆のほかに小麦や米、キノコなどがありますが、圧倒的《あっとうてき》に大豆が多く使われています。大豆の油をしぼったり、高温・高圧《こうあつ》で加工したり、味つけをしたりしてつくられます。以前は独特《どくとく》の青くささがあって敬遠《けいえん》されましたが、ベンチャー企業《きぎょう》などが参入して研究された結果、味や食感が大きく向上しました。

これほどまでに代替肉に関心が寄《よ》せられている理由は、世界の人口増加《ぞうか》と関係があります。現在《げんざい》の人口は約80億人ですが、2050年には100億人に近づくと予測《よそく》され、タンパク資源《しげん》である牛や豚《ぶた》、にわとりなどの肉が不足するであろうといわれています。

しかし、家畜《かちく》を育てるには、土地や水、穀物《こくもつ》など大量の植物性《しょくぶつせい》タンパク質《しつ》のえさが必要で、これらを集めるだけでも大変なことになります。また、えさを運ぶための燃料《ねんりょう》やふんの処理《しょり》の問題もあります。さらに、牛のゲップなどからは温室効果《おんしつこうか》ガスを増《ふ》やす大量のメタンガス（CH_4）が出ます。大豆を生産するために排出《はいしゅつ》される温室効果ガスの量を1とすると、同じ重量の豚肉を生産するのには20.8倍、牛肉では85.6倍も排出《はいしゅつ》されるといわれています（右ページ上の図）。

人間にとって、タンパク質《しつ》は体をつくる大切な栄養素《えいようそ》です。そこで、栽培《さいばい》しやすく、環境《かんきょう》にも問題のない大豆をはじめとした植物由来の代替肉が注目され、需要《じゅよう》が増《ふ》えているのです。

大豆を１としたときの温室効果《おんしつこうか》ガス排出量《はいしゅつりょう》

（カーボンフットプリントコミュニケーションプログラム）

代替肉《だいたいにく》の栄養（100g あたり）

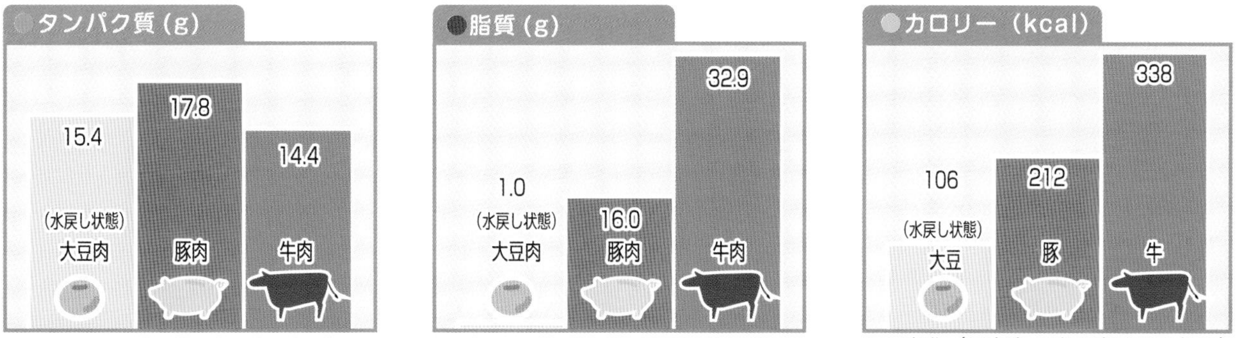

出典（日本食品成分表 2020 年版）

●代替肉《だいたいにく》の消費者《しょうひしゃ》ニーズは？ その人気は？

代替肉《だいたいにく》への関心は、企業《きぎょう》だけでなく、消費者《しょうひしゃ》からも高まっています。

日本にはそれほど多くありませんが、世界には宗教上《しゅうきょうじょう》の理由や環境《かんきょう》問題への観点、動物愛護《どうぶつあいご》の意《い》識《しき》などから、肉や魚、卵《たまご》、乳製品《にゅうせいひん》など動物由来の食品をまったく食べない人（ビーガン）や、肉や魚だけを食べない人（ベジタリアン）が多くいます。これらの人たちから特に興味《きょうみ》が集まっているようです。

また、健康食志向《しこう》の人たちからも関心を寄《よ》せられています。大豆からつくった肉は、タンパク質《しつ》が牛や豚《ぶた》の肉と同じぐらいふくまれていて、脂質《ししつ》は少なくカロリーも低いとされているためです。味については、動物の肉と変わりなくおいしく食べられているという声が全般《ぜんぱん》としては多いようです。

しかし、一方では「今ひとつおいしくない」「代替肉としてはおいしいが、やはり肉の方がいい」という声があるのも事実です。価格面《かかくめん》でも肉と同じぐらいか、やや高めのものがまだ多いようです。味とあわせて今後さらに改善《かいぜん》されることによって、消費者からの注目は高まるものと思われます。

大豆ミートからつくられたビーガンハンバーガー

培養肉《ばいようにく》は普及《ふきゅう》するの？

一般的《いっぱんてき》にいう「代替肉《だいたいにく》」とは、大豆など植物性《しょくぶつせい》タンパク質《しつ》の素材《そざい》を使ってつくり出したものです。いい方を変えれば、「動物肉に似《に》せてつくった高タンパク質の食品」ということになります。

ところが近年、植物由来の代替肉とは別に、本物の動物肉の細胞《さいぼう》の一部からつくるという、これまでにない新しい肉「培養肉《ばいようにく》」が話題を呼《よ》んでいます。培養肉の研究開発が本格的《ほんかくてき》に進められている背景《はいけい》には、代替肉と同じく世界の人口の増加《ぞうか》があります。肉の消費《しょうひ》はさらに高まり、このままでは供給《きょうきゅう》不足におちいるといわれています。そこで、培養肉の生産は、代替肉とともに土地や水などを節約できる方法として期待されているのです。

シンガポールでは、世界で初めてとり肉からつくった培養肉が認可《にんか》され、2020年から販売《はんばい》が開始されました。日本でも現在《げんざい》、大学や企業《きぎょう》で将来《しょうらい》の製品化《せいひんか》へ向けた研究や開発がさかんに行われています。

●培養《ばいよう》とは？

そもそも「培養《ばいよう》」という少しむずかしい言葉は、いったいどういう意味なのでしょうか。

辞書によると、培養の意味の１つとしては「植物や動物を手をかけて育てること」と書かれています。これはけっして珍《めずら》しいことではありません。植物や動物を人の手によって増《ふ》やすことはすでに広く行われていて、一般的《いっぱんてき》には「栽培《さいばい》」「飼育《しいく》」「養殖《ようしょく》」と呼《よ》ばれています。

一方で、培養肉の場合に用いられる「培養」はこのような意味ではなく、もう１つ辞書に記されている「生物の細菌《さいきん》・細胞《さいぼう》・組織《そしき》の一部を取り出し、体外で人工的に増やすこと」を指しています。

このような培養の技術《ぎじゅつ》は生物学や医学では重要なもので、研究は長く進められてきました。殺菌《さっきん》効果《こうか》のある抗生物質《こうせいぶっしつ》として知られている「ペニシリン」が、20世紀《せいき》の前半に、細菌を培養中のシャーレ（皿）に誤《あやま》ってアオカビの胞子《ほうし》を落としてしまった実験上のミスによって発見されたのは、有名な話です。ケガをした時にできた傷口《きずぐち》が自分でも気づかないうちにいつの間にかふさがっていたということがあります。この現象《げんしょう》も細胞培養の一種なのです。

培養肉《ばいようにく》の利点

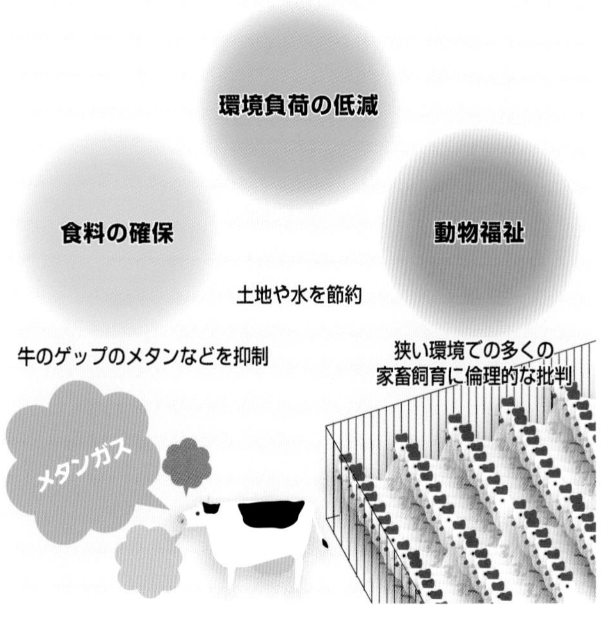

●培養肉《ばいようにく》のつくり方

培養肉《ばいようにく》は、生きた牛や豚《ぶた》、にわとりから筋肉細胞《きんにくさいぼう》を取り出し、酵素《こうそ》を使ってバラバラにしたものを特別な培養液《ばいようえき》に浸《ひた》した状態《じょうたい》にして、清潔《せいけつ》な環境《かんきょう》で厳重《げんじゅう》に管理して細胞を増《ふ》やしていきます。最終的には何百万、何千万という個数《こすう》に増えた細胞を固めて、まとめたものからつくります。

では、培養肉をつくろうとしてスーパーで肉を買ってきて、そこに培養液を入れたら細胞が増えて肉の量も多くなるのかといえば、それは不可能《かのう》です。なぜなら、その肉の細胞は死んでいるからです。あくまでも生きている状態の体内から取った細胞でなければ、培養することはできません。

日本では2022年、共同研究を続けてきた東京大学と日清食品ホールディングスの研究グループが国内初の「食べられる培養肉」をつくり出してニュースになりました。牛肉の細胞からつくったもので、縦《たて》4.5センチ、横2センチ、厚《あつ》さ1ミリのものでした。同年にはさらに、大阪大学と島津製《しまづせい》作所《さくしょ》、シグマクシスが共同で３Ｄバイオプリンターを使った製造《せいぞう》技術《ぎじゅつ》を発表しています。

課題としては、消費者《しょうひしゃ》が安全性を理解して購入《こうにゅう》できる仕組みが必要ですが、日本では、培養肉など新しい開発食品に関する適切な規制《きせい》や表示《ひょうじ》の基《き》準《じゅん》がまだ整っていないのが現状《げんじょう》です。

培養肉《ばいようにく》工場で作業を行うオペレーター（アメリカ 2023 年 1 月）
（写真提供:ロイター/アフロ）

培養肉《ばいようにく》のつくり方

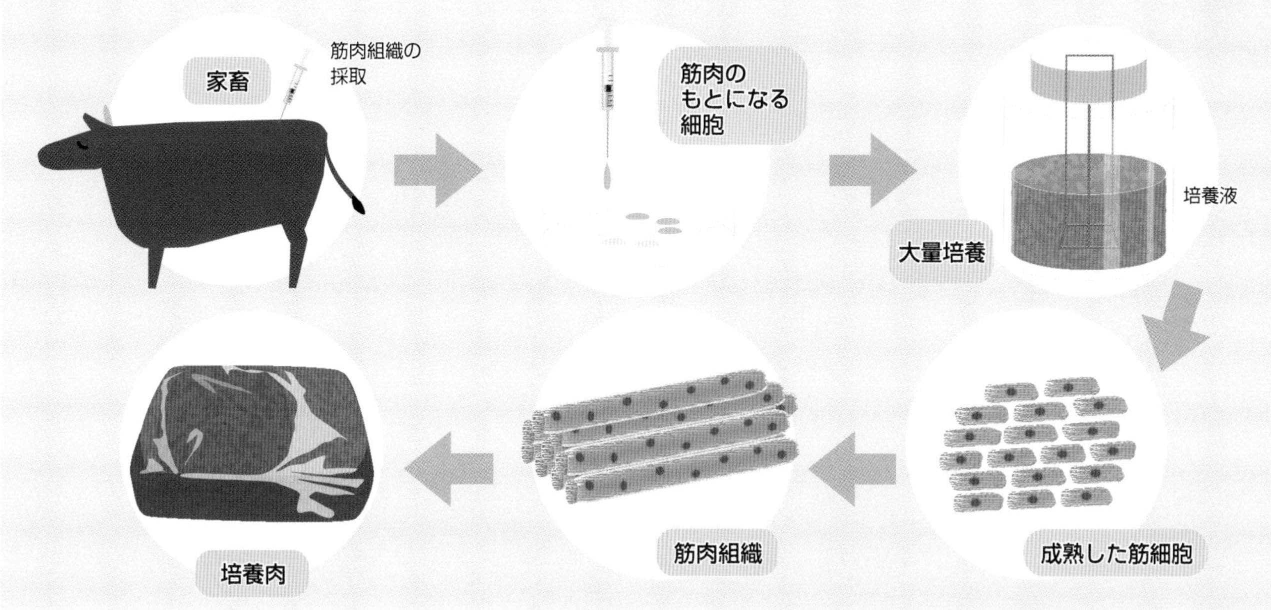

アニマルウェルフェアに沿《そ》って飼《か》われる家畜《かちく》は、おいしい肉や卵《たまご》がとれ、ふんも農地の有機肥料《ひりょう》になるよ。循環型農業《じゅんかんがたのうぎょう》だね。

アニマルウェルフェア

アニマルウェルフェアとは、動物が生まれてから死ぬまでの間、すこやかな環境《かんきょう》にいるべきだとする動物福祉《ふくし》の考え方です。大量生産と大量消費《しょうひ》を目的に、家畜《かちく》が狭《せま》くよごれた環境で薬剤《やくざい》などを大量投与《とうよ》されて飼育《しいく》される状態《じょうたい》を見直そうと、畜産《ちくさん》の歴史があるヨーロッパから始まりました。現在、国際獣疫《じゅうえき》事務局(OIE)が勧告《かんこく》する「５つの自由」の指針《ししん》があります。

にわとりにとって、狭いケージで卵《たまご》を産み続けるよりも、自由に動き回れる平飼《ひらが》いの方がすこやかな生育環境です。牛も、毎日外で放牧できる環境が健康的です。薬漬《くすりづ》けでない良質《りょうしつ》な飼《し》料《りょう》や安全な水、ストレスの少ない環境で育つ家畜を増《ふ》やすことは、肉や卵を消費する人間にとってもよいことです。それは持続可能《かのう》な食料の生産と消費の確保《かくほ》につながります。

アニマルウェルフェア「5つの自由」の指針《ししん》

1.飢《う》えや栄養不良からの自由

2.恐怖《きょうふ》や苦悩《くのう》からの自由

3.物理的不快や熱さからの自由

4.苦痛や病気，傷害《しょうがい》からの自由

5.動物が本来の行動をとれる自由

（国際獣疫《じゅうえき》事務局の勧告《かんこく》）

シードバンクってなんだろう？

近年、気候変動や自然災害《さいがい》、感染症《かんせんしょう》などが増《ふ》えています。また、人間の生活様式や産業形態《けいたい》などの変化も影響《えいきょう》して、特定の動植物が絶滅《ぜつめつ》するおそれが心配されています。植物の種《たね》（種子）や動物・微生物《びせいぶつ》の遺伝子資源《いでんししげん》を探《さが》して集め、未来に残すため、ジーンバンクといわれる貯蔵施設《ちょぞうしせつ》が世界中にできています。ジーンバンクは直訳《ちょくやく》すると「遺伝子の銀行」です。その中でも、農産物の種を保管《ほかん》する施設にはシードバンク（種子の銀行）があります。農産物の生産者や農業の研究者などにとって、シードバンクはなくてはならない役割《やくわり》を担《にな》っています。

●世界各地の種を保管《ほかん》する貯蔵庫《ちょぞうこ》

ノルウェーと北極点の間にうかぶ離島《りとう》に、国際《こくさい》的《てき》なシードバンクのひとつである「スヴァールバル世界種子貯蔵庫《ちょぞうこ》」があります。2008年の設立《せつりつ》以来、世界各地のシードバンクから100万種以上の種子サンプルが提供《ていきょう》されて保管《ほかん》されています。

この貯蔵庫は、もし各地のシードバンクが災害《さいがい》で被災《ひさい》したり戦争の被害《ひがい》を受けたりした場合などに、種子が永久的《えいきゅうてき》に失われることを防《ふせ》いでいます。そうすることで、世界のさまざまな植物や農産物が生き続けられ、ひいては地球上の生物多様性《せいぶつたようせい》が守られることになるのです。

2015年には内戦で被害を受けた中東の国シリアのシードバンクが、ここに提供していた種子サンプルを引き出してシードバンクを再開《さいかい》しています。国際的なシードバンクの数はもっと増《ふ》えるべきだといわれています。日本では茨城県つくば市に「農業生物資源《しげん》ジーンバンク」があり、さらにそのサブバンクが各地に置かれ、遺伝《いでん》資源の保全活動が行われています。

●日本の農家とシードバンク活動

日本の農家は、野菜の種子の多くをアメリカや中国などの種苗《しゅびょう》会社から買っています。食料自給《じきゅう》率《りつ》は野菜が約80％に対して種子は約１０％。一部の伝統《でんとう》野菜の生産農家などが種子を自家採種《さいしゅ》していますが、種子の生産には広い土地が必要なため、日本では種子の大量生産ができません。一方で、

中国の昆明《こんめい》にある「ノアの方舟《はこぶね》」種子の研究・保存施設《ほぞんしせつ》

（写真提供:アフロ）

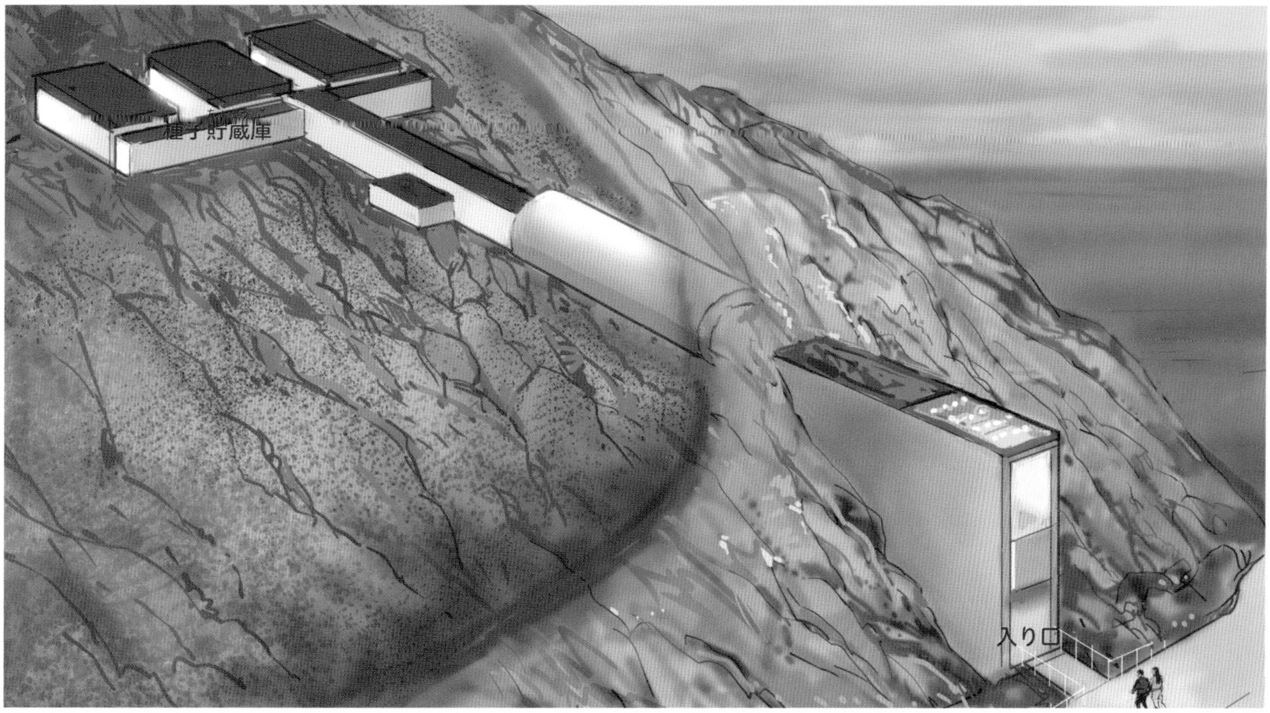

スヴァールバル世界種子貯蔵庫《ちょぞうこ》
周囲《しゅうい》を永久凍土《えいきゅうとうど》に囲《かこ》まれた環境《かんきょう》にあり、貯蔵庫《ちょぞうこ》内もマイナス気温に保《たも》たれています。外部から不用な種子がまぎれこまないために、一般《いっぱん》の人は立ち入りが禁止《きんし》され、温度管理なども徹底《てってい》されています。

地域《ちいき》の有機農業家たちなどが固定種や在来種《ざいらいしゅ》の種子を採種して保存《ほぞん》管理するシードバンク活動もあります。

●生物多様性条約《せいぶつたようせいじょうやく》とジーンバンク

生物多様性条約《せいぶつたようせいじょうやく》では、生物多様性保全《ほぜん》のために生息域内《せいそくいきない》保全と生息域外保全の2方法を提示《ていじ》しています。ジーンバンクは動植物園などとともに、人工的な管理下で保全を図る「生息域外保全」の１つです。多くの生物資源《しげん》を将来《しょうらい》のために遺伝子《いでんし》レベルで保存《ほぞん》しておきます。

最近では、将来の科学技術《ぎじゅつ》の発展《はってん》に備《そな》えて、トキなど絶滅《ぜつめつ》に瀕《ひん》した動物の精子《せいし》や卵子《らんし》あるいは細《さい》胞《ぼう》などの形で遺伝子を冷凍《れいとう》保存しています。

種子の箱が並《なら》ぶ種子貯蔵庫《ちょぞうこ》
スヴァールバルに到着《とうちゃく》した種子の箱は、まず空港でチェックしてから、貯蔵庫《ちょぞうこ》の棚《たな》に保管《ほかん》されます。1つの箱には、500くらいの種子が入っています。種子の情報《じょうほう》はデータベース化され、だれもが見ることができます。

大事な種《たね》を未来に残そう！

すべての農産物は種《たね》（種子）からつくられています。種を土にまいてそのまま生長させたり、いったん苗《なえ》まで育てて植え直したりします。そして、収穫《しゅうかく》された実や葉、根や茎《くき》などが食料となります。収穫後には種がとれます。その種を保存《ほぞん》し、翌年《よくとし》また土に植えて育てることができます。こういったサイクルをくりかえして農業は続いてきました。農家にとっては、農作物を生産・販売《はんばい》するうえで種の確保《かくほ》はとても重要です。

●「種子法」の廃止《はいし》

日本には戦後の食料難《しょくりょうなん》の時代から長く「種子法」という法律《ほうりつ》がありました。これは、日本の主要作物である米・麦・大豆の農産物３種の種子を、国民の食料確保《かくほ》のための公共財産《ざいさん》とみなし、国や都道府県が種《たね》の生産や供給《きょうきゅう》を保障《ほしょう》するという法律でした。都道府県は強い品種の米を改良・開発し、それらの種子を確保して農家たちに安定した価格《かかく》で提供《ていきょう》してきました。

しかし、2018年４月に種子法はわずか半年の議論《ぎろん》で廃止《はいし》されました。理由は、「種子法があるために民間企業《きぎょう》による種子の改良・開発が進まない」というものでした。そして、これは、種子を供給《きょうきゅう》する役目を行政《ぎょうせい》から民間企業に移《うつ》していこうとする、政策《せいさく》の大きな転換《てんかん》でした。

種子条例制定《じょうれいせいてい》の対象《たいしょう》品目（米、麦、大豆以外の主な対象品目）

道県名	対象品目
北海道	小豆、そば、インゲン、他
岩手	そば、雑穀《ざっこく》、野菜、果樹《かじゅ》、花き
福島	果樹、野菜、花き、そば
栃木	いちご、なし、りんどう
千葉	落花生
長野	そば、伝統《てんとう》野菜
徳島	あわ、きび、たてあい、ごうしゅういも
宮崎	そば
鹿児島	さとうきび

●種子を守るための「種子条例《じょうれい》」制定《せいてい》

種子法の廃止《はいし》は、全国の農家や農業関係者を不安にしました。それまで都道府県が、種子の改良・開発と安定した供給《きょうきゅう》を担《にな》ってきたものが、その責任《せきにん》から離《はな》れて民間企業《きぎょう》が入るとなれば、種子の生産・供給が安定しなくなり価格《かかく》が大きく値上がりするのではないか、と心配する声が大きくなりました。

こうした声を受けて、まず、コシヒカリの生産がさかんな新潟県では、2018年３月に「種子条《じょう》例《れい》」が制定《せいてい》されました。その後、各地で条例制定の動きが続きました。米・麦・大豆の３種に限《かぎ》らず、その県独自《どくじ》の特産農産物を加えて、種子の生産・供給に県が安定的に関わることが定められた条例です。条例が制定された都道府県では、これまで通り生産者や農家が安心して種子が購入《こうにゅう》できるようになりました。

種子条例《じょうれい》の制定状況《せいていじょうきょう》

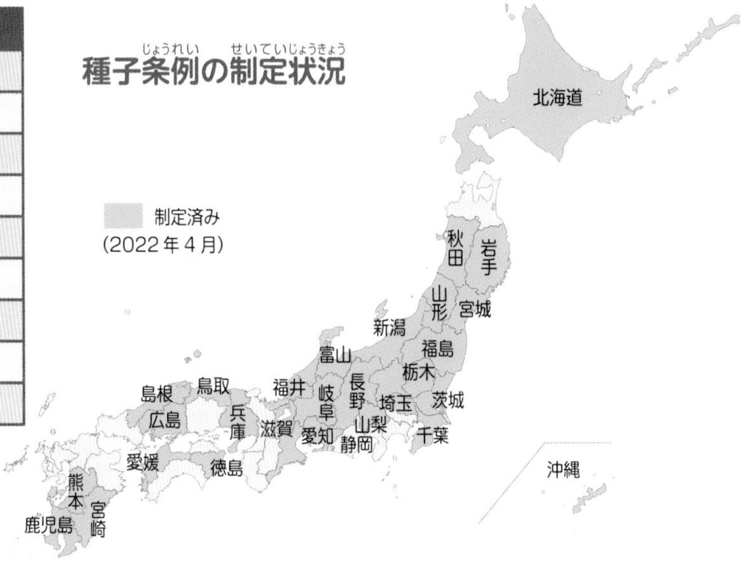

（全国種子条例マップ）

土さえあればうまくいく！ 不耕起栽培《ふこうきさいばい》って？

土を耕《たがや》さないで作物をつくる農家がいます。

不耕起栽培《ふこうきさいばい》は、畑を耕さずに作物を育てる栽培《さいばい》方法です。「土をかき乱《みだ》さない、作物のまわりの土を植物でおおう」「畑の多様性《たようせい》を高める」ことなどを行っています。不耕起栽培を行うことによって、土のなかの菌根菌《きんこんきん》という菌類《きんるい》などの微生物《びせいぶつ》が、作物の成長に必要な働きをしてくれます。

化学肥料《ひりょう》や農薬が多くまかれた農地を不耕起栽培ができる農地に変えるには、少なくとも3年以上かかります。しかし、一度不耕起栽培ができる農地をつくれば、異常気象《いじょうきしょう》に強い作物ができあがるようになることが、不耕起栽培のさかんなアメリカで証明《しょうめい》されています。日本でも福岡正信《ふくおかまさのぶ》氏が自然農法を提言《ていげん》し、不耕起栽培を実践《じっせん》しました。

●不耕起栽培《ふこうきさいばい》の特徴

この栽培《さいばい》方法の一番の特徴《とくちょう》は、土をかき乱《みだ》さないことです。農地を耕《たがや》すと作物を育てるための土の構造《こうぞう》がこわれ、土壌《どじょう》生物（微生物《びせいぶつ》やミミズ、ヤスデ、クモなど）のすみかが失われてしまいます。土壌生物は、有機物（作物の養分）の分解《ぶんかい》や土壌の団粒化《だんりゅうか》を進めてくれます。そして、土が作物の生育しやすい、よい環境《かんきょう》になっていくのです。

普通《ふつう》の農業（慣行《かんこう》農業）の場合、土を耕して、土壌生物の代わりに化学肥料《ひりょう》を土に入れて作物を育てます。効率《こうりつ》的に作物をつくることができますが、自然の土の力は失われていきます。そして、作物をつくるたびに土を入れかえることになります。

不耕起栽培《ふこうきさいばい》の場合は、作物がよく育つようになるための土づくりに時間がかかりますが、土づくりがうまくいけば、その後は化学肥料を使わずに作物をつくることができます。アメリカでは最近、10年以上も畑を耕すことをしないで作物をつくっている農家も多くなってきています。

不耕起栽培により土壌が豊《ゆた》かになると、害虫も増《ふ》えます。しかし、それ以上にクモ、ムカデなどが害虫となる虫を食べるので畑全体に占《し》める害虫の割合《わりあい》は低くなり、作物への被害《ひがい》も軽減《けいげん》されます。

みなさんは「効率のよい農業」、「効率は悪いが持続的に可能な農業」、今後起こるかもしれない「食料危機《きき》」にむかって、どのように考えますか？

＊団粒化《だんりゅうか》　やわらかく水はけのよい黒土になること。

不耕起栽培《ふこうきさいばい》の6原則《げんそく》

（「土を育てる」ゲイブ・ブラウン著より）

1.土をかき乱《みだ》さない
　土壌《どじょう》生物のすみかである土をこわさない。

2.土をおおう
　土を植物やワラなどでおおうことで、風や水による流出から守り、また土壌生物のえさとなる。

3.多様性《たようせい》を高める
　植物と動物の多様性を確保《かくほ》する。

4.土のなかに「生きた根」を保つ
　土のなかの生きた根は土壌《どじょう》生物の栄養源《えいようげん》となる。

5.動物を組みこむ
　家畜《かちく》が植物を食べることで、フンは養分となり、虫や鳥は花粉《かふん》を運ぶ。

6.背景の原則
　その土地の気候に合わない作物はつくらない。

不耕起栽培《ふこうきさいばい》の大豆畑（アメリカ）
大豆と大豆の間には、作物の枯《か》れた残りなどが残されています。これが土をおおい、災害《さいがい》による土の流出を防《ふせ》いでいます。また、大豆の根は、作物の残りにむけて横に根をはるので丈夫《じょうぶ》になり、雨風に対しても強くなります。

みどりの食料システム戦略《せんりゃく》

2021年、国（農林水産省）は「みどりの食料システム戦略《せんりゃく》」を発表し、政府《せいふ》の考える今後の食料政策《せいさく》の指針《ししん》としました。2050年までにめざす目標（右ページ）も具体的に掲《かか》げられています。

　我《わ》が国《くに》の食料・農林水産業は、大規模《だいきぼ》自然災《さい》害《がい》・地球温暖化《おんだんか》、生産者の減少《げんしょう》等の生産基盤《きばん》の脆《ぜい》弱化《じゃくか》・地域《ちいき》コミュニティの衰退《すいたい》、新型《しんがた》コロナを契《けい》機《き》とした生産・消費《しょうひ》の変化などの政策《せいさく》課題に直面しており、将来《しょうらい》にわたって食料の安定供給《きょうきゅう》を図るためには、災害や温暖化に強く、生産者の減少やポストコロナも見据《みす》えた農林水産行政《ぎょうせい》を推進《すいしん》していく必要があります。

　このような中、健康な食生活や持続的な生産・消費の活発化やESG投資《とうし》市場の拡大《かくだい》に加え、諸《しょ》外国《がいこく》でも環境《かんきょう》や健康に関する戦略《せんりゃく》を策定《さくてい》するなどの動きが見られます。今後、このようなSDGsや環境を重視《じゅうし》する国内外の動きが加速していくと見《み》込《こ》まれる中、我が国の食料・農林水産業においてもこれらに的確《てきかく》に対応《たいおう》し、持続可能《かのう》な食料システムを構築《こうちく》することが急務《きゅうむ》となっています。

　このため、農林水産省では、食料・農林水産業の生産力向上と持続性《じぞくせい》の両立をイノベーションで実現《じつげん》する「みどりの食料システム戦略」を策定しました。

（農林水産省ホームページより）

「オーガニックビレッジ」の取り組みに参加予定の自治体

（2022年10月現在）

　農林水産省は、みどりの食料システム戦略《せんりゃく》を踏《ふ》まえ、有機農業に地域《ちいき》ぐるみで取り組む産地（オーガニックビレッジ）の創出《そうしゅつ》に取り組む市町村の支援《しえん》に取り組んでいます。農林水産省は、2025 年までに 100 市町村で「オーガニックビレッジ」を創出する予定です。

北海道	安平《あびら》町
青森県	黒石《くろいし》市
	五戸《ごのへ》町
秋田県	大潟《おおがた》村
山形県	新庄《しんじょう》市
	米沢《よねざわ》市
	川西《かわにし》町
	鶴岡《つるおか》市
福島県	二本松《にほんまつ》市
栃木県	小山《おやま》市
	市貝《いちかい》町
	塩谷《しおや》町
埼玉県	小川《おがわ》町
千葉県	木更津《きさらづ》市
	佐倉《さくら》市
神奈川県	相模原《さがみはら》市
長野県	松川《まつかわ》町
	辰野《たつの》町
山梨県	北杜《ほくと》市
静岡県	掛川《かけがわ》市
	藤枝《ふじえだ》市
新潟県	佐渡《さど》市
富山県	南砺《なんと》市
岐阜県	白川《しらかわ》町
愛知県	東郷《とうごう》町
	南知多《みなみちた》町
三重県	尾鷲《おわせ》市
滋賀県	甲賀《こうか》市
京都府	亀岡《かめおか》市

兵庫県	豊岡《とよおか》市
	丹波篠山《たんばささやま》市
	養父《やぶ》市
	淡路《あわじ》市
	丹波《たんば》市
奈良県	宇陀《うだ》市
島根県	浜田《はまだ》市
	吉賀《よしか》町
	大田《おおだ》市
	邑南《おおなん》町
広島県	神石高原《じんせきこうげん》町
山口県	長門《ながと》市
徳島県	小松島《こまつしま》市
福岡県	うきは市
長崎県	南島原《みなみしまばら》市
熊本県	南阿蘇《みなみあそ》村
	山都《やまと》町
大分県	佐伯《さいき》市
	臼杵《うすき》市
宮崎県	綾《あや》町
	高鍋《たかなべ》町、
	木城《きじょう》町
鹿児島県	南さつま市
	南種子《みなみたね》町
	湧水《ゆうすい》町
	徳之島《とくのしま》町

みどりの食料システム戦略《せんりゃく》が2050年までに目指す姿《すがた》

温室効果《おんしつこうか》ガス削減《さくげん》

①2050 年までに農林水産業のCO_2ゼロエミッション化の実現《じつげん》

②農林業機械・漁船の電化・水素《すいそ》化等に関する技術《ぎじゅつ》の確《かく》立《りつ》（2040年まで）

③園芸施設《しせつ》については2050年までに化《か》石燃料《せきねんりょう》を使用しない施設への完全移《い》行《こう》

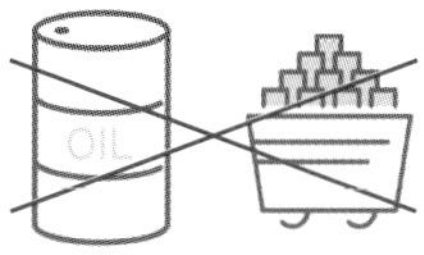

④農山漁村における再《さい》生可能《せいかのう》エネルギーの導入《どうにゅう》

環境保全《かんきょうほぜん》

⑤化学農薬使用量（リスク換算《かんさん》）の 50%低《てい》減《げん》

⑥輸入《ゆにゅう》原料や化石燃《ねん》料《りょう》を原料とした化学肥料《ひりょう》の使用量の30%低減《ていげん》

⑦耕地《こうち》面積に占《し》める有機農業の取組面積の割合《わりあい》を 25%（100万ha）に拡大《かくだい》

食品産業

⑧事業系《じぎょうけい》食品ロスを2000 年度比《ひ》で半減《はんげん》（2030 年まで）

⑨食品製造業《せいぞうぎょう》の自動化等を進め、労働生産性《せいさんせい》を3割《わり》以上向上（2030年まで）

⑩飲食料品卸売業《おろしうりぎょう》における売上高に占《し》める経費《けいひ》の割合《わりあい》を 10%に縮減《しゅくげん》（2030年まで）

⑪食品企業《きぎょう》における持続可能性《かのうせい》に配慮《はいりょ》した輸入《ゆにゅう》原材料調達の実《じつ》現《げん》（2030年まで）

林野

⑫エリートツリー等の成長に優《すぐ》れた苗木《なえぎ》の活用について、2030年までに林業用苗木の3割《わり》、2050年までに9割以上を目指す

高層木造《こうそうもくぞう》の技術《ぎじゅつ》の確立《かくりつ》を目指すとともに、木材による炭素貯蔵《たんそちょぞう》の最大化（2040 年まで）

水産

⑬漁獲量《ぎょかくりょう》を2010年と同程度《ていど》（444万トン）まで回復《かいふく》（2030年まで）

⑭ニホンウナギ、クロマグロ等の養殖《ようしょく》において人工種苗《しゅびょう》比《ひ》100%を実現《じつげん》する。養魚飼料《しりょう》の全量を配合飼料給餌《きゅうじ》に転《てん》換《かん》

（農林水産省資料より作成）

未来に伝えよう日本の農業遺産《いさん》

農業遺産《いさん》とは

農業遺産《いさん》とは、社会や環境《かんきょう》に適応《てきおう》しながら何世代にもわたり継承《けいしょう》されてきた独自性《どくじせい》のある伝統的《でんとうてき》な農林水産業と、それに密接《みっせつ》に関わって育まれた文化、ランドスケープ及《およ》びシースケープ、農業生物多様性《せいぶつたようせい》などが相互《そうご》に関連して一体となった、伝統的農林水産業を営《いとな》む地域《ちいき》（農林水産業システム）です。日本農業遺産は農林水産大臣に、世界農業遺産は国際連合食糧農業機関《こくさいれんごうしょくりょうのうぎょうきかん》（FAO）よりそれぞれ認定《にんてい》されます。

（農林水産省）

●日本農業遺産認定基準《いさんにんていきじゅん》

申請地域《しんせいちいき》は、我《わ》が国《くに》における重要性《じゅうようせい》、申請地域の特徴《とくちょう》（世界農業遺産《せかいのうぎょういさん》の以下の1〜5までの認定基準《にんていきじゅん》に、日本が独自《どくじ》に定めた3つの基準を加えた合計8つの認定基準）及《およ》び保全《ほぜん》計画に基《もと》づき評価《ひょうか》されます。

日本独自の認定基準は以下の6、7、8です。

1.食料及び生計の保障《ほしょう》

地域コミュニティの食料及び生計の保障に貢献《こうけん》するものであること。

2.農業生物多様性《せいぶつたようせい》

食料及び農林水産業にとって世界（我が国）において重要な生物多様性及び遺伝資源《いでんしげん》が豊富《ほうふ》であること。

3.地域の伝統的《でんとうてき》な知識《ちしき》システム

「地域の貴重《きちょう》で伝統的な知識及び慣習《かんしゅう》」、「独創《どくそう》的な適《てき》応技術《おうぎじゅつ》」及び「生物相、土地、水等の農林水産業を支《ささ》える自然資源の管理システム」を維持《いじ》していること。

4.文化、価値観《かちかん》及び社会組織《そしき》

地域を特徴付《とくちょうづ》ける文化的アイデンティティや土地のユニークさが認《みと》められ、資源管理や食料生産に関連した社会組織、価値観及び文化的慣習が存在《そんざい》すること。

5.ランドスケープ及びシースケープの特徴

長年にわたる人間と自然との相互《そうご》作用によって発達するとともに、安定化し、緩《ゆる》やかに進化してきたランドスケープやシースケープを有すること。

6.変化に対するレジリエンス

自然災害《さいがい》や生態系《せいたいけい》の変化に対応《たいおう》して、農林水産業システムを保全し、次の世代に確実《かくじつ》に継承《けいしょう》していくために、自然災害等の環境《かんきょう》の変化に対して高いレジリエンス（強靭《きょうじん》性《せい》）を保持《ほじ》していること。

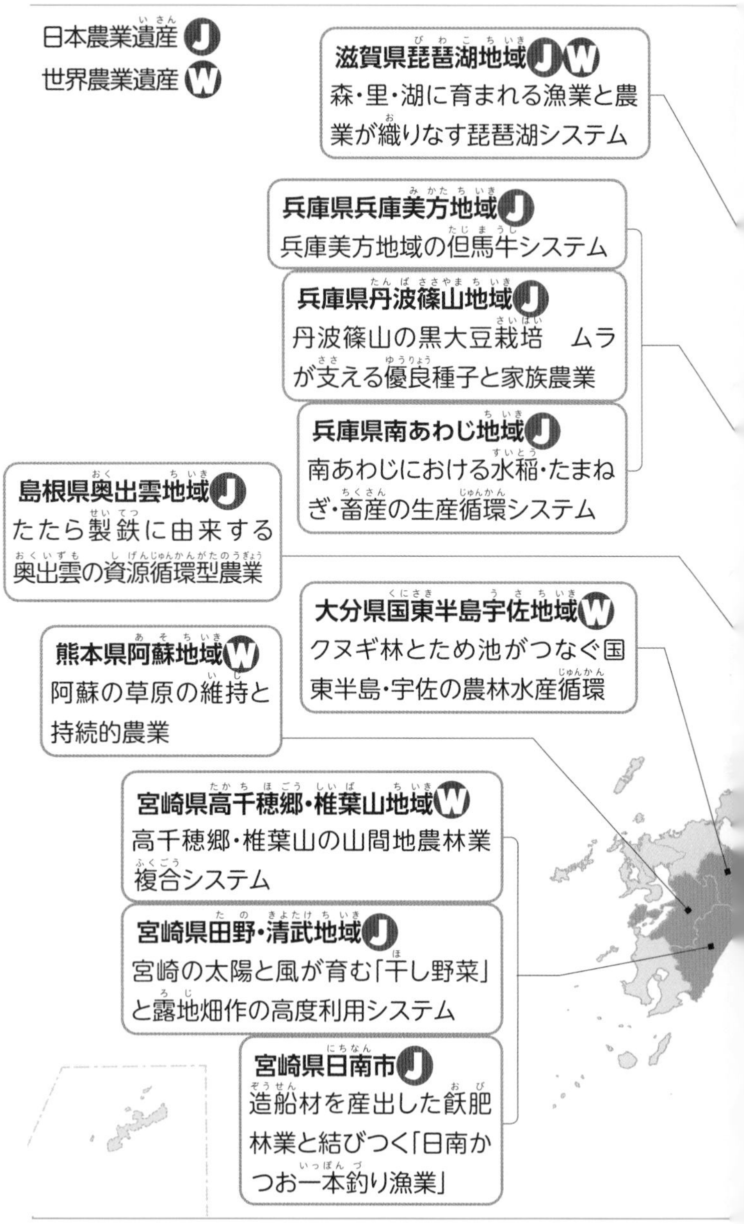

7.多様な主体の参画

地域住民のみならず、多様な主体の参画による自主的な取組を通じた地域の資源を管理する仕組みにより、独創的な農林水産業システムを次世代に継承していること。

8.6次産業化の推進《すいしん》

地域ぐるみの6次産業化等の推進により、地域を活性《かっせい》化させ、農林水産業システムの保全を図っていること。

システムの持続性《じぞくせい》のための保全計画

申請地域は、農林水産業システムを動的に保全するための保全計画を作成すること。

（農林水産省）

※**6次産業**　農林漁業本来の1次産業だけでなく、2次産業（工業・製造業《せいぞうぎょう》）・3次産業（販売業《はんばいぎょう》・サービス業）を取り込《こ》むことから、「1次産業の1」×「2次産業の2」×「3次産業の3」のかけ算の6を意味しています。

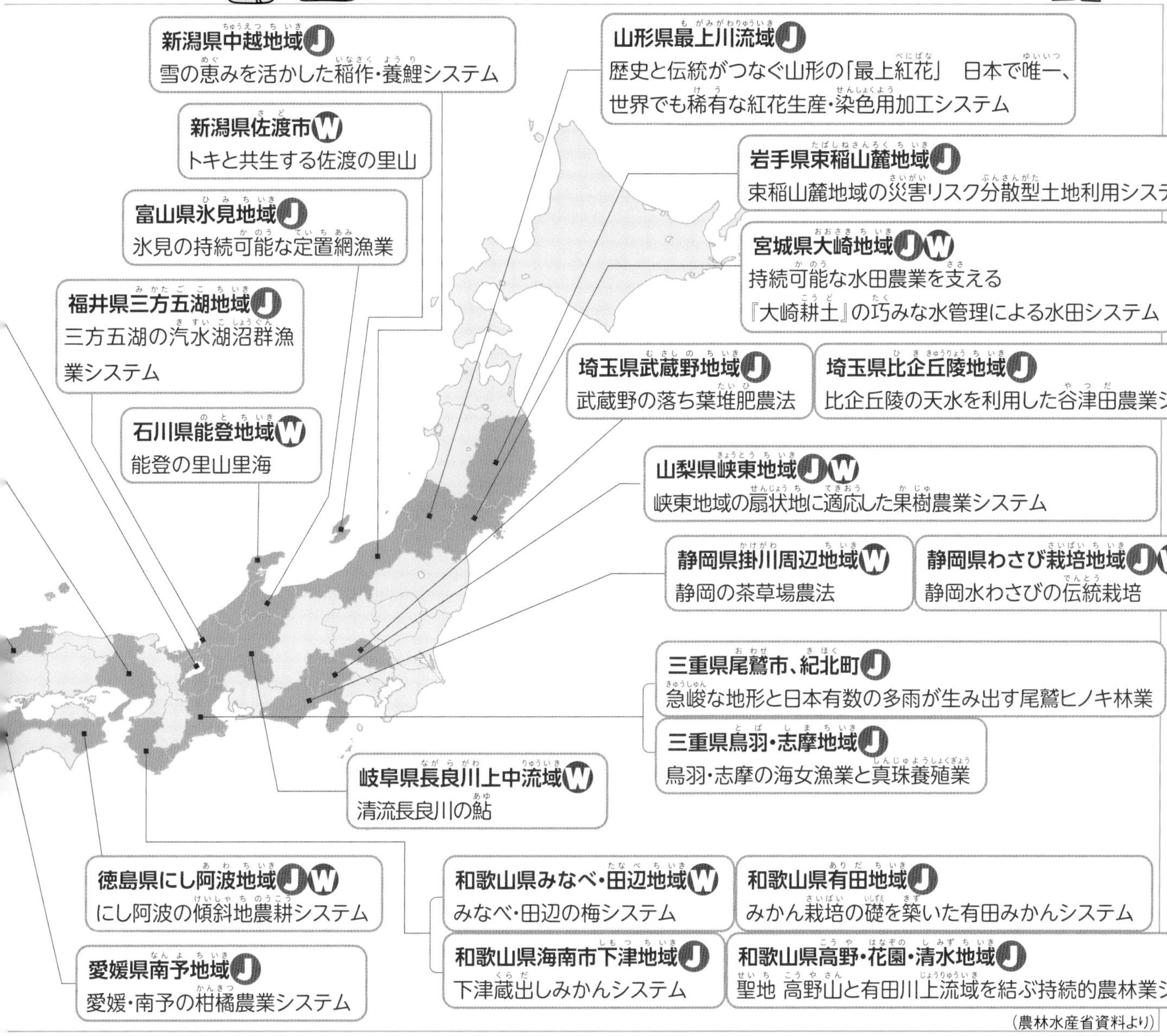

（農林水産省資料より）

熊本県阿蘇地域《あそちいき》

山梨県峡東地域《きょうとうちいき》

食料危機《きき》を考えるキーワード

●アグロエコロジー

直訳《ちょくやく》はアグロ（農業）＋エコロジー（生態学《せいたいがく》）。地球環境《かんきょう》や生活環境、社会文化や経済《けいざい》システムなども広くとらえた、持続可能《かのう》な調和を目指す農業の運動をいいます。多くの化学肥料《ひりょう》や農薬を使う慣行《かんこう》農業とはちがって、地球環境に負荷をかけない有機農業、大量生産を目指さない小規模《しょうきぼ》農業などの実践《じっせん》を目指しています。海外でブラジルやイギリス、フランスなどからさかんになりました。国連食糧農業機関《こくれんしょくりょうのうぎょうきかん》（FAO）は、アグロエコロジーの拡大《かくだい》が飢餓《きが》の解消《かいしょう》や、食料の確保《かくほ》に重要とし、SDGs《エス・ディー・ジーズ》（持続可能な開発目標）達成と位置づけ、持続可能な農業の実践を呼《よ》びかけています。→[3]

●アニマルウェルフェア

人間が食べる肉や卵《たまご》がどのように飼育《しいく》された家《か》畜《ちく》から来ているのか、その飼育環境《かんきょう》をめぐって家畜が生き物として幸福であるべきとする考え方です。多くの化学薬品や抗生剤《こうせいざい》などを投与《とうよ》して家畜を大量生産・大量飼育する方法が問題となって、畜産《ちくさん》文化の歴史《れきし》が古いイギリスから広まりました。家畜にとって苦痛《くつう》やストレスのない環境での「５つの自由」の保障《ほしょう》を提唱《ていしょう》していて、2021年開催《かいさい》の東京オリンピック・パラリンピックでも食材の調達条件《じょうけん》に明記されました。日本ではまだ知られているとはいえず、今後の課題です。→[4]

●学校給食

日本の学校給食は第二次世界大戦前から始まりました。戦後の1954年に「学校給食法」が施行《しこう》、目的は「適切《てきせつ》な栄養の摂取《せっしゅ》による健康の保持増進《ほじぞうしん》を図ること」でした。2009年の法改正からは目的に「食育」が追加されています。最近では、地元でとれる農産物の活用などが注目されています。また、日本では子どもの給食費《きゅうしょくひ》は親が負担《ふたん》しますが、少子化対策《たいさく》として行政《ぎょうせい》が負担する自治体も現《あらわ》れてきています。貧困《ひんこん》家庭では、この給食が子どもにとって大切な栄養バランスの食事になっています。→[1][3]

●耕作放棄地《こうさくほうきち》

耕作放棄地《こうさくほうきち》とは「以前耕作《こうさく》していた土地で、過《か》去《こ》1年以上作物を栽培《さいばい》せず、この数年の間に再《ふたた》び作《さく》付《づけ》する意思のない土地」（農林水産省）のことです。農地が減少《げんしょう》し、耕作放棄地が増加《ぞうか》すると、国内の農業生産が減少し、食料自給率《じきゅうりつ》の低下を招《まね》きます。現在《げんざい》、耕作放棄地をどう利用するかが大きな課題となっています。対策例《たいさくれい》として「作業負担《ふたん》の少ない作物を追加で作付けする」「体験型《たいけんがた》農園を開設《かいせつ》する」「太陽光パネルを使った営農型《えいのうがた》太陽光発電を行って作物を生産する」などがあげられます。→[2]

●三大穀物《こくもつ》

世界の三大穀物《こくもつ》は米、小麦、トウモロコシ。それぞれ主食として、世界で約３分の２以上の人が食べています。また加工して保存食《ほぞんしょく》にもされます。トウモロコシは米や小麦よりも世界で生産量が多く、そのうち多くが家畜《かちく》の飼料《しりょう》にもなっています。日本は米の90%以上を国内生産でまかなえていますが、小麦は80%以上を輸入《ゆにゅう》に頼《たよ》っている現状《げんじょう》です。主に飼料《しりょう》となるトウモロコシは95%以上が輸入です。→[1]

●食品ロス

まだ食べられるのに捨《す》てられる食品のことです。日本では年間およそ522万トン（2020年）の食品ロスがあります。2020年には世界で飢餓《きが》に苦しんでいる人たちへの食料支援《しえん》が１年間およそ420万トンあったことと比較《ひかく》すると、その1.2倍にもなる分量です。SDGs《エス・ディー・ジーズ》では、2030年までに1人あたりの食品ロスを半分に減《へ》らそうという目標を決定しています。日本では2019年に食品ロス削減推進法《さくげんすいしんほう》が成立し、2030年までに家庭からと事業所からの廃棄《はいき》をそれぞれ半分にするという政府《せいふ》目標が出されています。→[1][2]

●食料安全保障《ほしょう》

FAOの考え方では、「すべての人がどんなときも活動的で健康的な生活に必要な食生活を送れるよう、安全で栄養ある食料を十分に得《え》られることが食料安全保障《ほしょう》の達成である」とあります。場所や社会的条件《じょうけん》や経済的《けいざいてき》な差異《さい》にかかわらず保障されることが必要としています。日本では、農林水産省が1999年に「食料・農業・農村基本法《きほんほう》」を制《せい》定《てい》。国内の農業生産と輸入《ゆにゅう》、備蓄《びちく》を組み合わせ、食料供給《きょうきゅう》の安定確保《かくほ》を定め、凶作《きょうさく》や輸入が途絶《とだ》えるなどの不測《ふそく》の事態《じたい》にも対応《たいおう》するとしています。これまでに4回改定され、現在また世界的な食料情勢の急変を受けて、大幅な見直し、法改正の検討が行われています。食料自給率《じきゅうりつ》の低い日本では、輸入が長期間途絶えるなどした場合、食品の品不足や価格《かかく》の大きな値上《ねあ》がりなどが起こり、社会的に弱い立場にある人が食料の確保をできなくなることがあります。→[2][3]

●水耕栽培《すいこうさいばい》

土を使わずに水と肥料《ひりょう》（液体《えきたい》肥料）で野菜や植物を育てる栽培法《さいばいほう》。土を使わないため、害虫や病《びょう》原菌《げんきん》がつきにくい特長があります。日光に当てない人工照明でも栽培できます。スーパーで売っているカイワレダイコンやミツバなど身近な野菜にも多く見られます。家庭でもスポンジやペットボトルなどを使って栽培できます。→[4]

●堆肥《たいひ》

稲《いな》わらや落ち葉、家畜《かちく》のふん尿《にょう》、食品の残りなどの有機物を微生物《びせいぶつ》の力を使って分解《ぶんかい》させ、発酵《はっこう》させたものです。堆肥《たいひ》の中にはたくさんの生物がすみ、いろいろな養分を持っています。土をやわらかくする働きもします。化学肥料《ひりょう》の原料価格《かかく》が上がり、そのほとんどを輸入《ゆにゅう》に頼《たよ》っている日本では、堆肥を使った循環型農業《じゅんかんがたのうぎょう》への取り組みが農林水産省からも提言《ていげん》されてきています。→[2][4]

●地産地消

「地域《ちいき》生産・地域消費《しょうひ》」の略《りゃく》です。生産者は、地域の新鮮《しんせん》な食料品を消費者《しょうひしゃ》に提供《ていきょう》します。食料品の輸送《ゆそう》にかかるコストやエネルギーを節約できる効果《こうか》や、地域の伝統的《でんとうてき》な食文化の見直しもはかれます。直売所や量販店《りょうはんてん》での地場農産物の販売《はんばい》、学校給食、病院、福祉施設《ふくししせつ》、観光施設、外食、加工関係での地場農産物の利用などが行われています。→[3]

●半農半X

農業と他の仕事「X」を組み合わせた働き方で、農業を営《いとな》みながら、自分のやりたいこと、やりがいのある仕事に携《たずさ》わるライフスタイルのことです。「半Ｘ」にあたる仕事としては、農村地域《ちいき》の地場産業などへの従事《じゅうじ》を始め、ネット環境《かんきょう》を活用したテレワーク、飲食店など商店経営《けいえい》、資格《しかく》を利用した自営業《じえいぎょう》など、様々《さまざま》な形態《けいたい》があります。都市部から農村地域への新たな人の流れをつくり、農村地域の活性化《かっせいか》がはかれます。→[3]

●フードバンク

賞味期限《しょうみきげん》が近い、包装《ほうそう》に印字ミスがあるなどなんらかの理由で販売《はんばい》できない食品類を、食品関連企業《きぎょう》からNPO法人などが引き取って無償《むしょう》で福祉施《ふくしし》設《せつ》などへ提供《ていきょう》する活動です。企業にとっては食品ロスの削減《さくげん》にもなる社会的活動です。また、貧困《ひんこん》や災害《さいがい》での被災《ひさい》などで必要な食べ物を十分に得《え》られない人にとっては生活の助けになります。→[3]

●フードプラン

韓国《かんこく》で公共給食を支《ささ》える仕組み。ソウル市の自治区と農村部の自治体がパートナーになって、福《ふく》祉施設《ししせつ》や保育園《ほいくえん》、幼稚園《ようちえん》などの公共給食を支えています。また、韓国では「親環境無償《しんかんきょうむしょう》給食」という給食スタイルが全国の学校で実施《じっし》されています。この給食は費用《ひよう》が無償で、ソウル市では、およそ半分を国が、30%がソウル市、20%が農産物を学校給食に食材を納《おさ》める自治体がそれぞれ負担《ふたん》しています。→[3]

食料危機《きき》を考えるための図版《ずはん》（日本編《へん》）

産出額《さんしゅつがく》1位品目の移《うつ》り変《か》わり

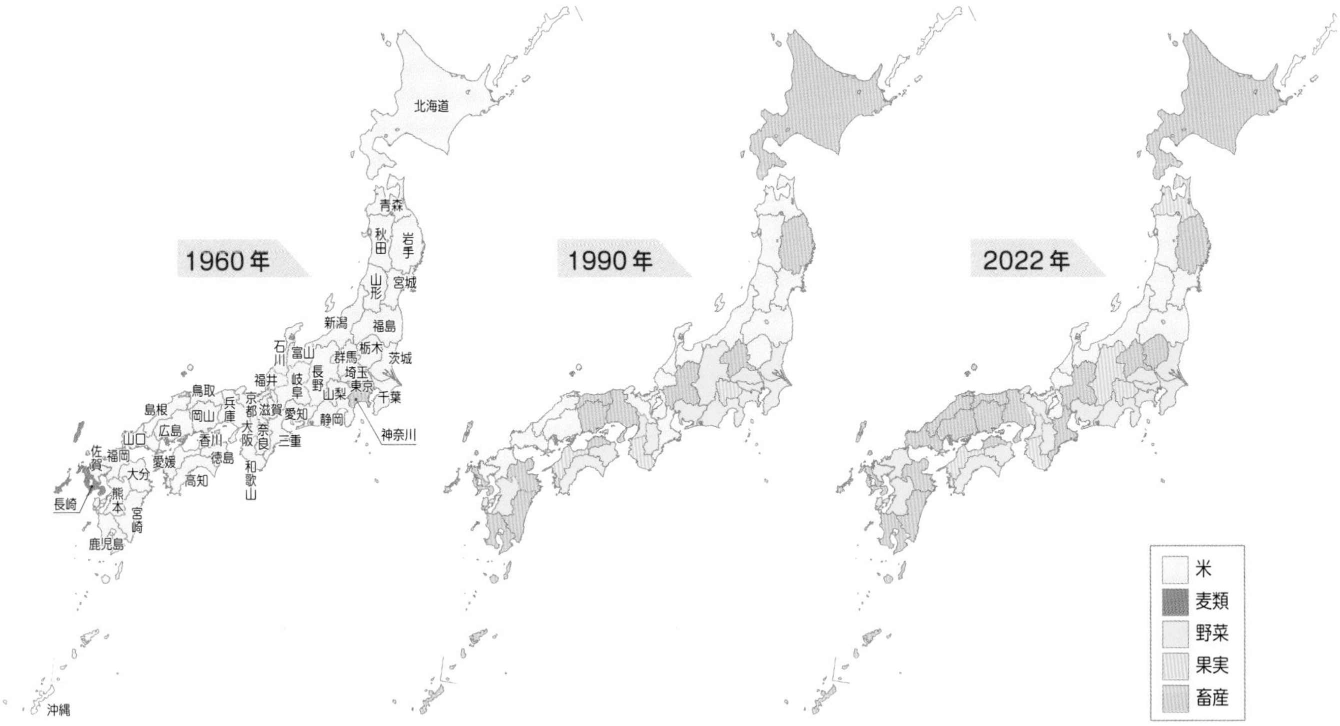

（農林水産省）

農地面積の減少率《げんしょうりつ》（2005年～2021年）

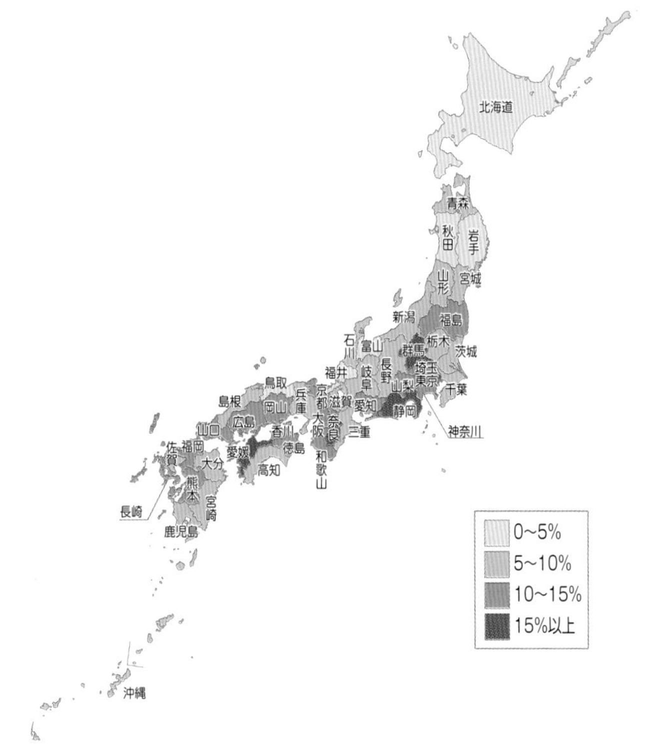

（農林水産省）

農地面積の移《うつ》り変《か》わり

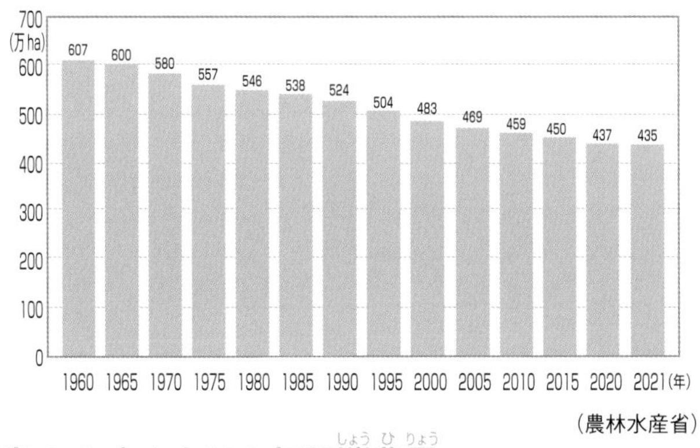

（農林水産省）

米の１人あたりの年間消費量《しょうひりょう》

（農林水産省）

食料自給率《じきゅうりつ》の移《うつ》り変《か》わり

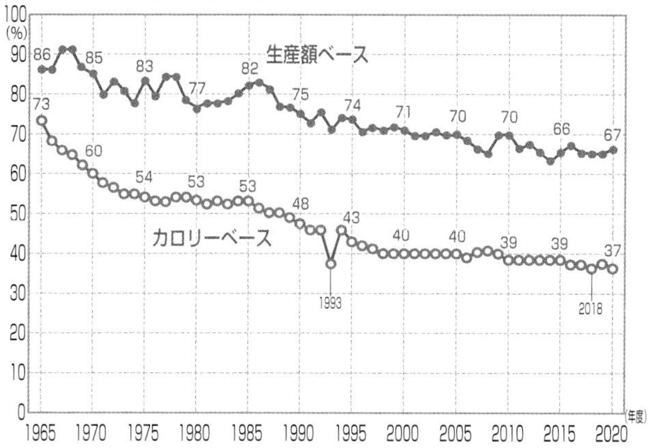

（農林水産省）

都道府県別食料自給率《じきゅうりつ》

（2020年）

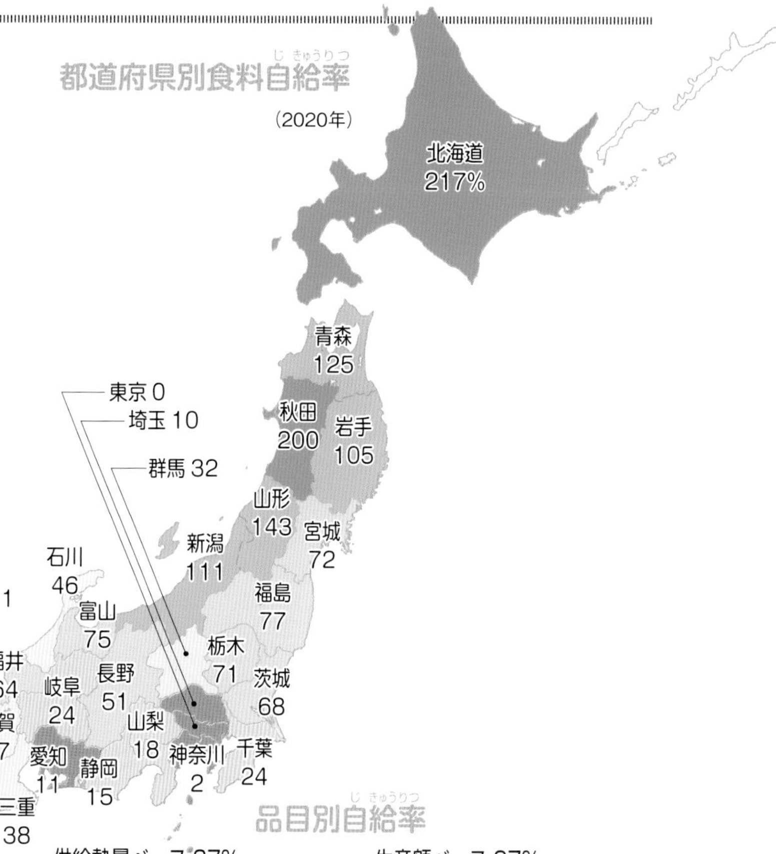
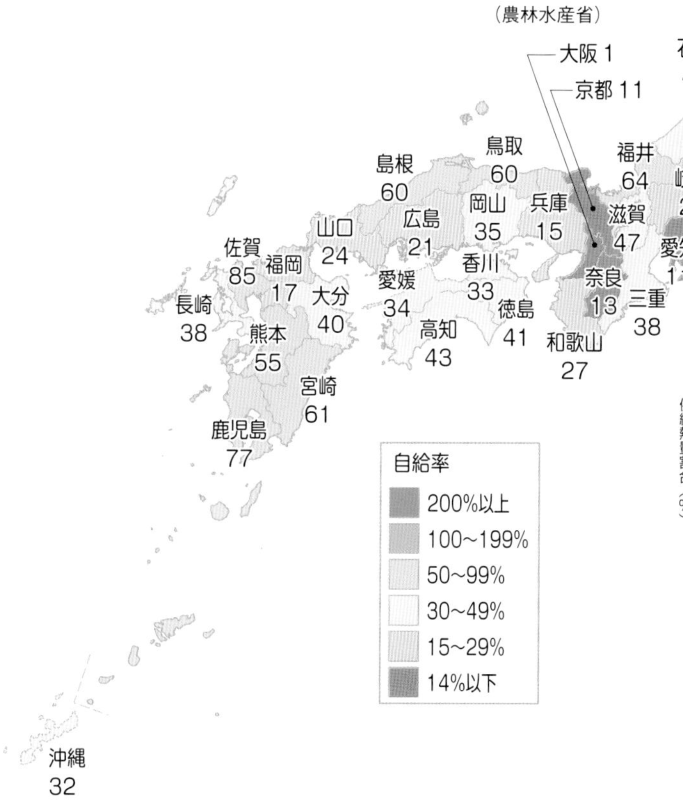

品目別自給率《じきゅうりつ》

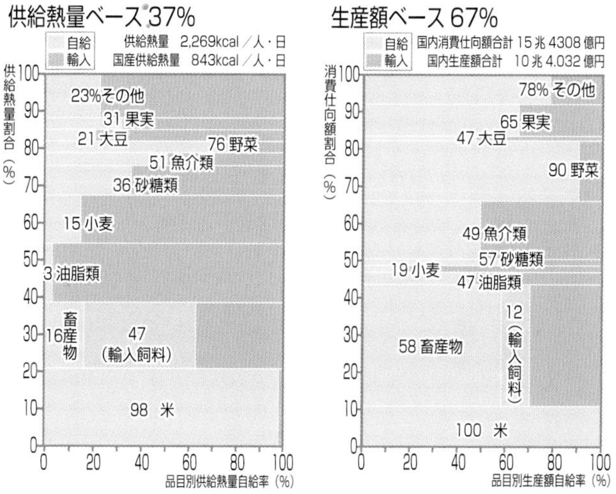

（農林水産省）

日本の農産品の輸入《ゆにゅう》相手国

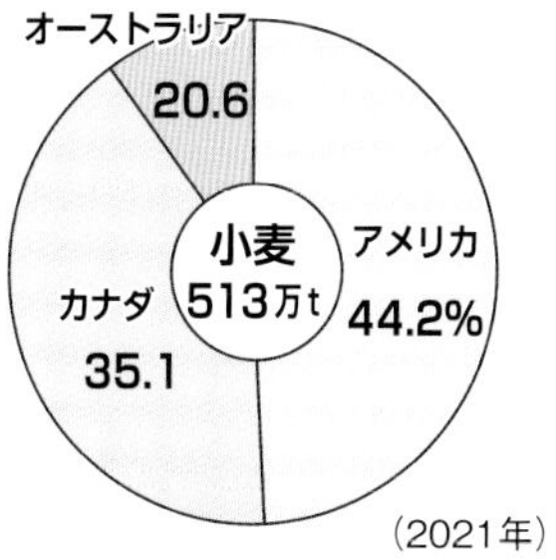

（2021年）

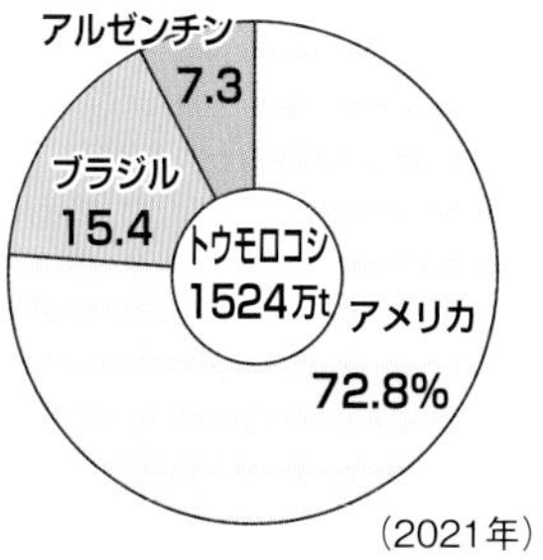

（2021年）

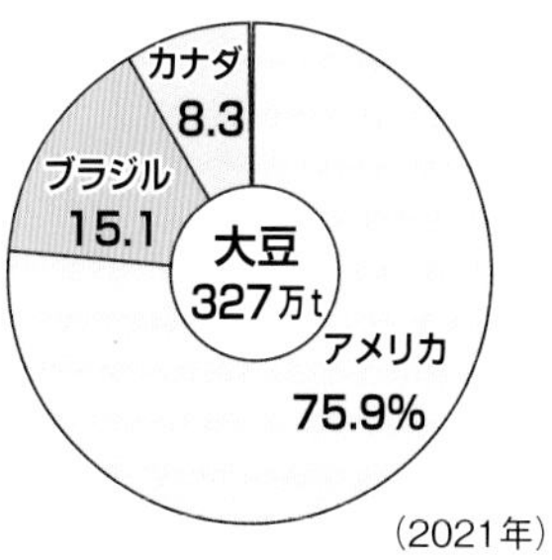

（2021年）

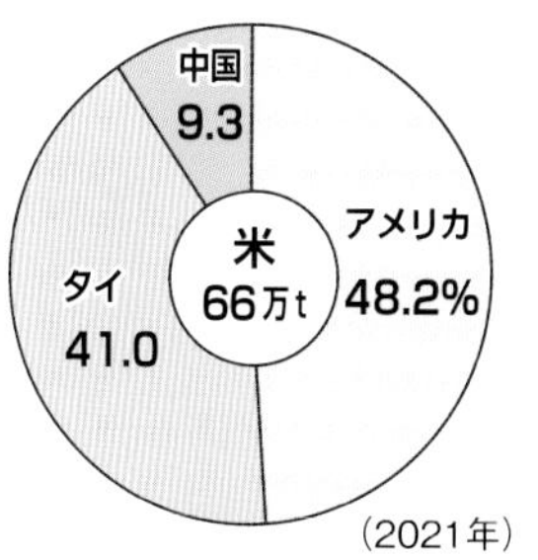

（2021年）

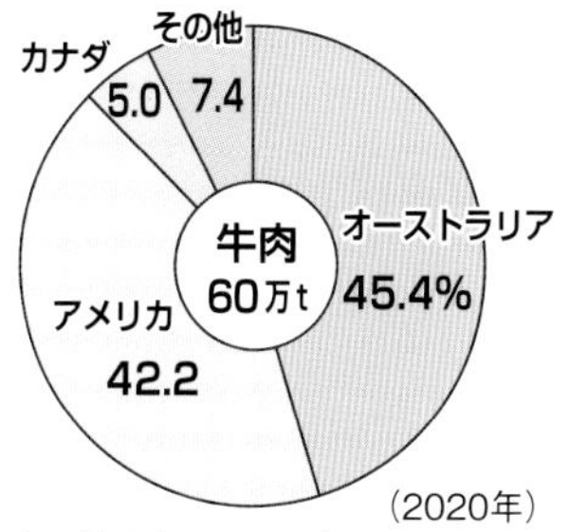

（2020年）

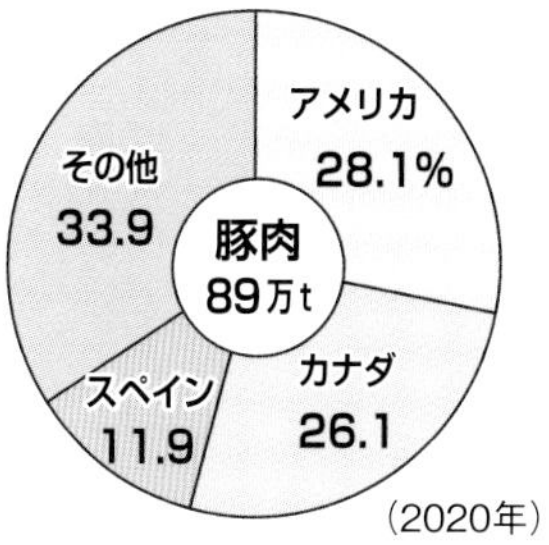

（2020年）

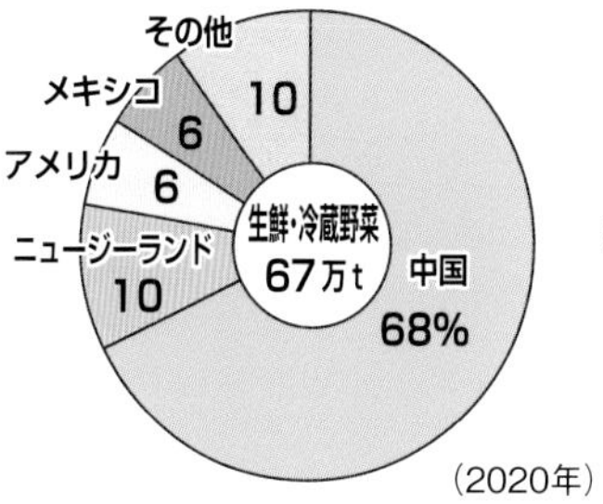

（2020年）

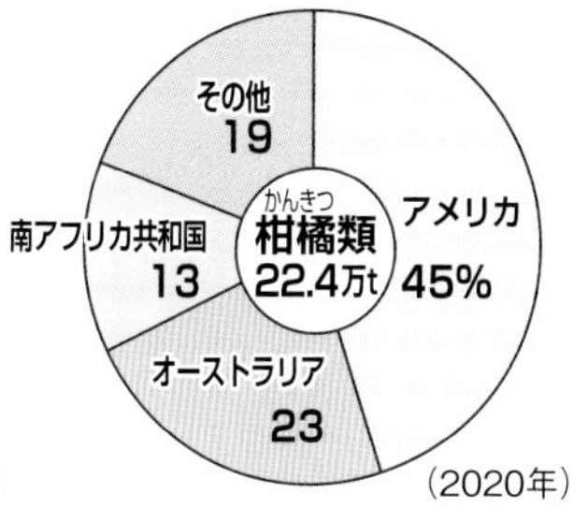

（2020年）

（日本国勢図会2022/23）

食料危機《きき》を考えるための図版《ずはん》（世界編《へん》）

人口上位国で見る人口の変化

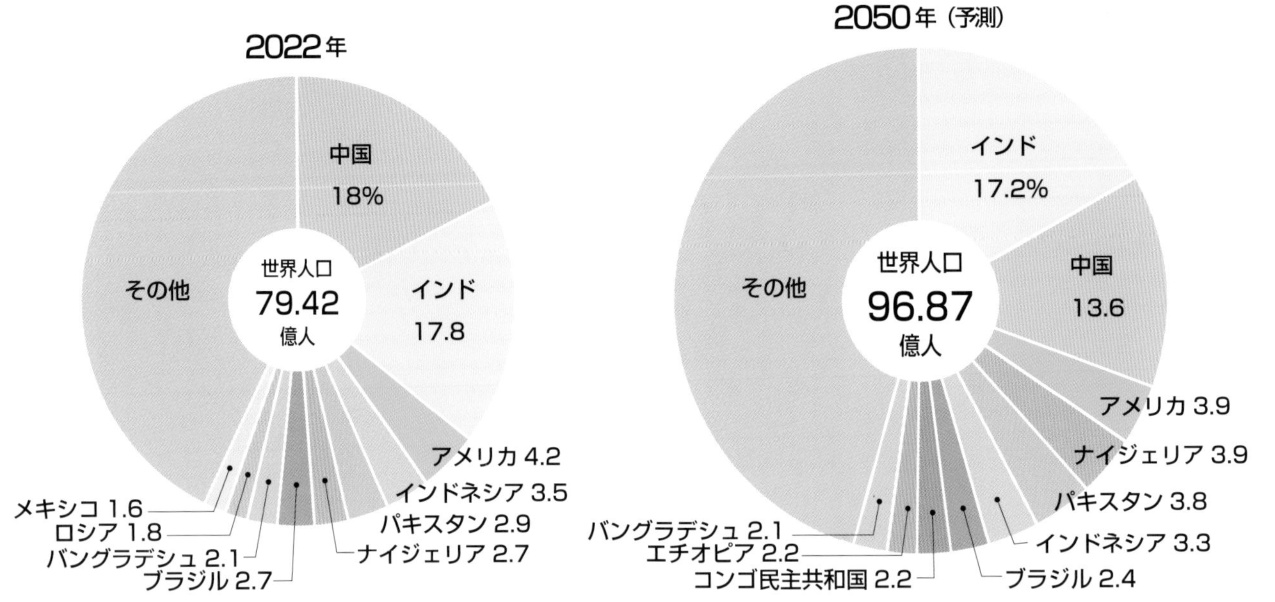

（国連世界人口推計）

地域別《ちいきべつ》に見る人口の変化

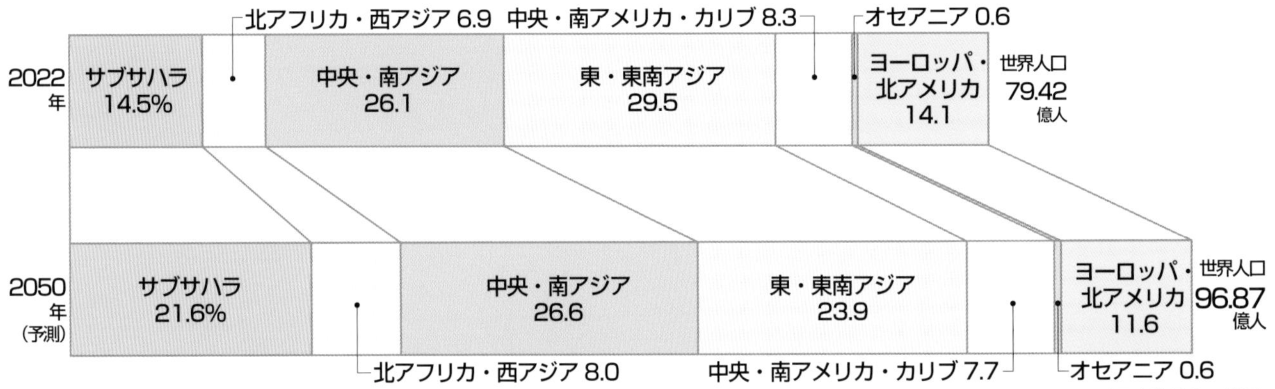

（国連世界人口推計）

地域別《ちいきべつ》に見る農業の効率《こうりつ》

（国連食糧農業機関FAOSTAT、世界国勢図会2022/23）

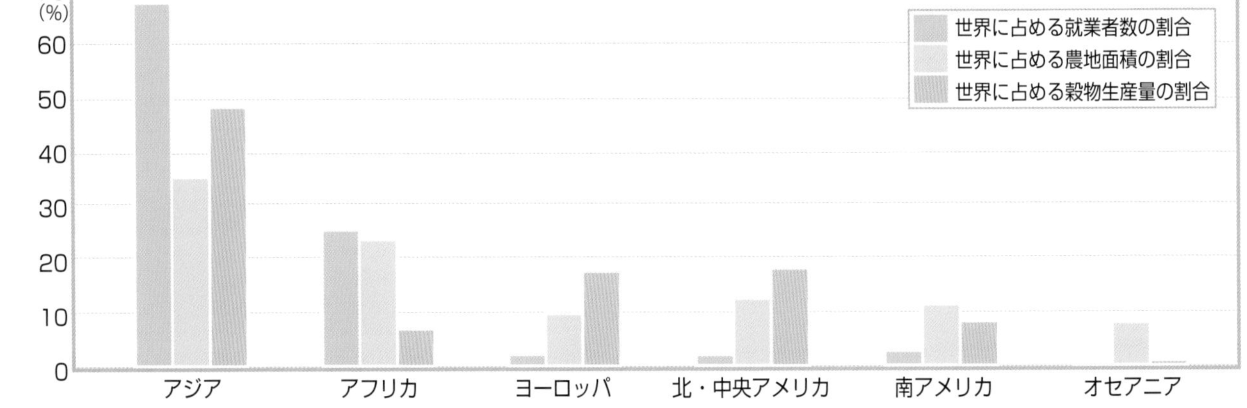

世界の総就業者《そうしゅうぎょうしゃ》数は約8億8351万人（林業・水産業就業者をふくむ、2019年）、総農地面積は約47億5209万ヘクタール（樹園《じゅえん》・牧場・牧草地をふくむ、2019年）、総穀物《そうこくもつ》生産量は約29億9614万トン（2020年）

気温上昇《じょうしょう》の予測《よそく》

国連機関の「気候変動に関する政府間《せいふかん》パネル（IPCC）」の第6次評価報告書《ひょうかほうこくしょ》（2021年）に掲載《けいさい》されたグラフ。左は、今後の温室効果《おんしつこうか》ガス排出量《はいしゅつりょう》の増減《ぞうげん》を予測《よそく》した5つのシナリオ。右は、5つの予測シナリオがもたらす今後の世界平均気温《へいきんきおん》の変化（予測）。

二酸化炭素排出量《にさんかたんそはいしゅつりょう》5つの予測《よそく》

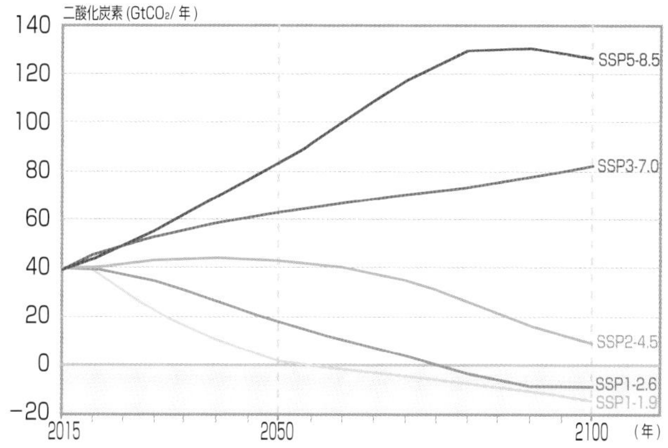

世界平均気温《へいきんきおん》の変化5つの予測《よそく》

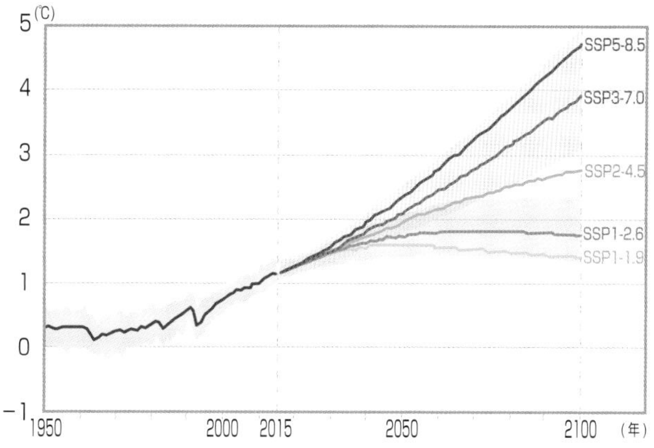

栄養価《えいようか》の高い重要な食料の生産量の割合《わりあい》（主要穀物《こくもつ》、食肉以外）

円の中央は世界生産量。とくに記載のないものは2020年のデータ。

（世界国勢図会2022/23）

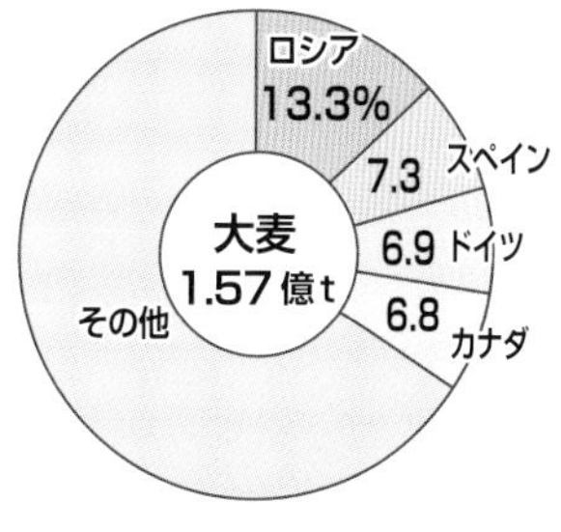

家畜飼料《かちくしりょう》、パンや粥《かゆ》などの食用、ビールの原料など用途《ようと》の広い穀物《こくもつ》。

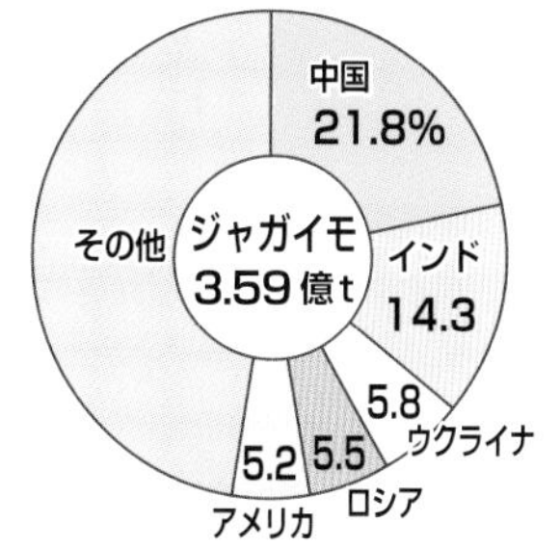

世界で広く主食のように食べられています。

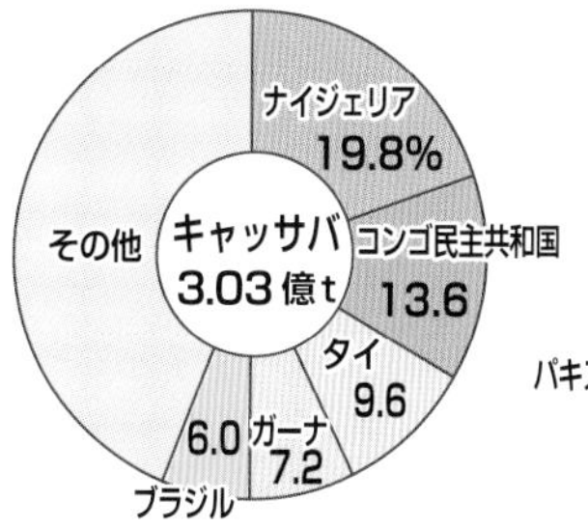

熱帯地域《ちいき》で主食としても食べられているデンプンの多いイモ。タピオカの原料。

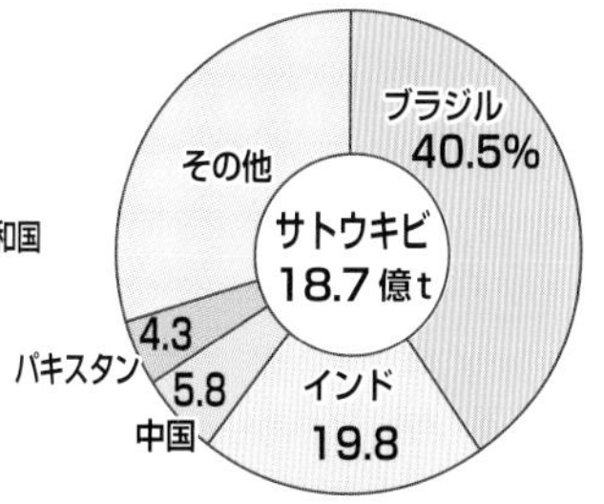

砂糖《さとう》の原料だけでなく、バイオエタノール精製《せいせい》のために生産量が増《ふ》えています。

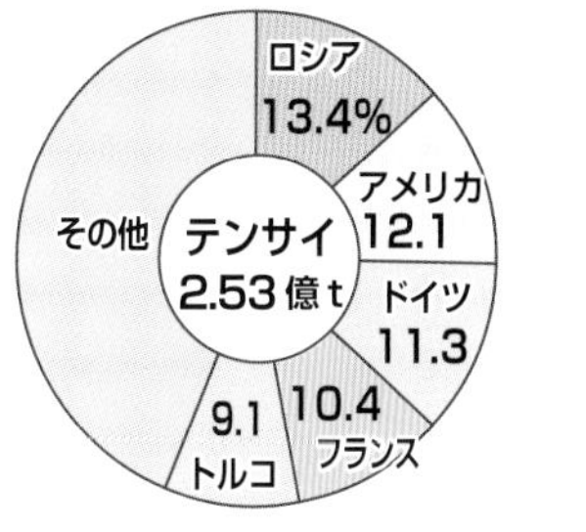

砂糖《さとう》の原料となる大根に似《に》た作物。寒さに強く高緯度地域《こういどちいき》で栽培《さいばい》されています。

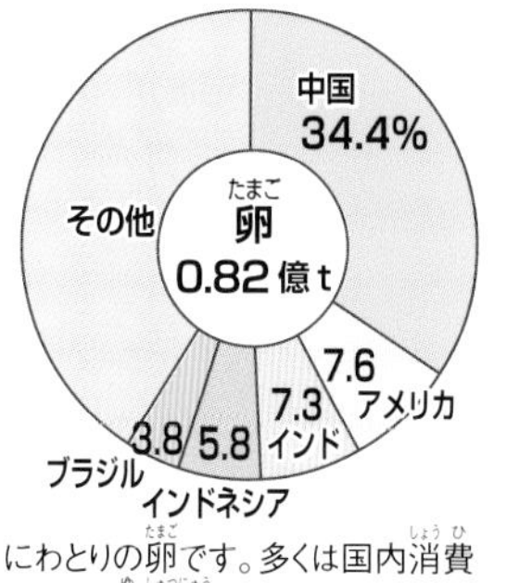

にわとりの卵《たまご》です。多くは国内消費《しょうひ》ですが、輸出入《ゆしゅつにゅう》もされます。

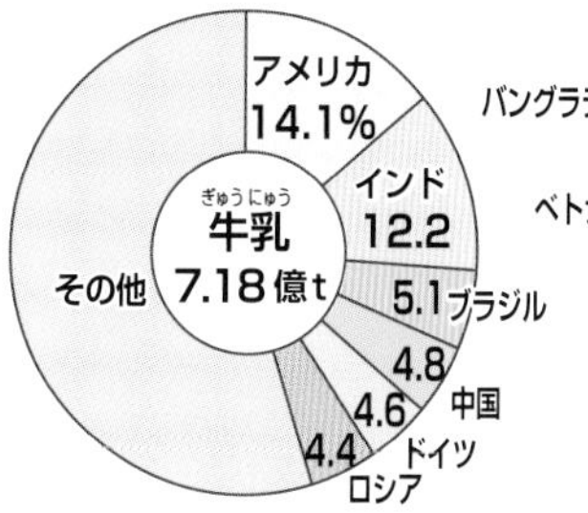

インド人の多くは、牛肉は食べませんが牛乳《ぎゅうにゅう》は飲みます。

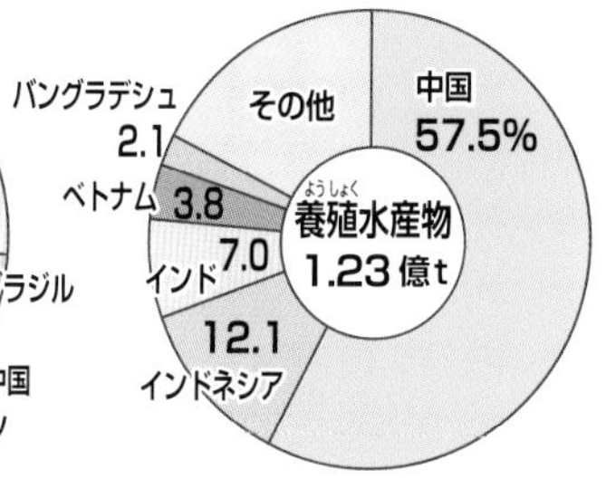

海面養殖《ようしょく》・内水面養殖を合計した数字。

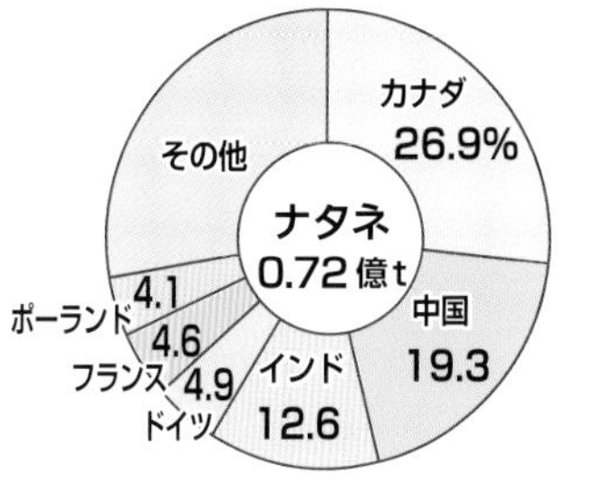

植物性《しょくぶつせい》食用油のナタネ油をつくるアブラナの種子。

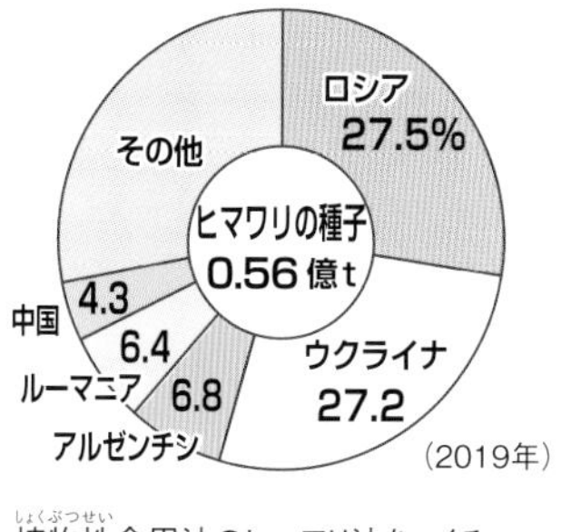

植物性《しょくぶつせい》食用油のヒマワリ油をつくる種子。

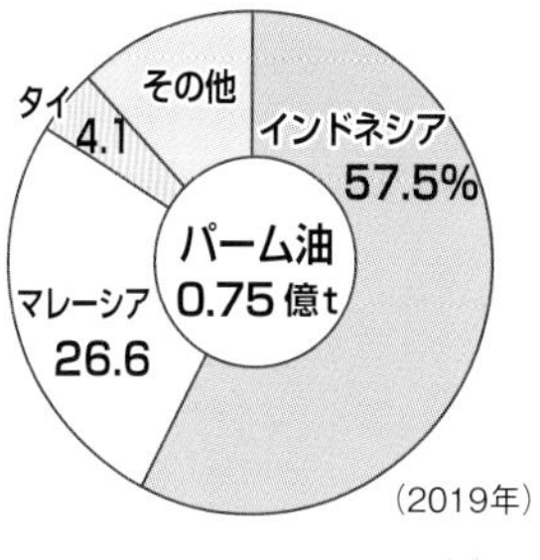

アブラヤシの果肉からつくられる植物性《しょくぶつせい》食用油。

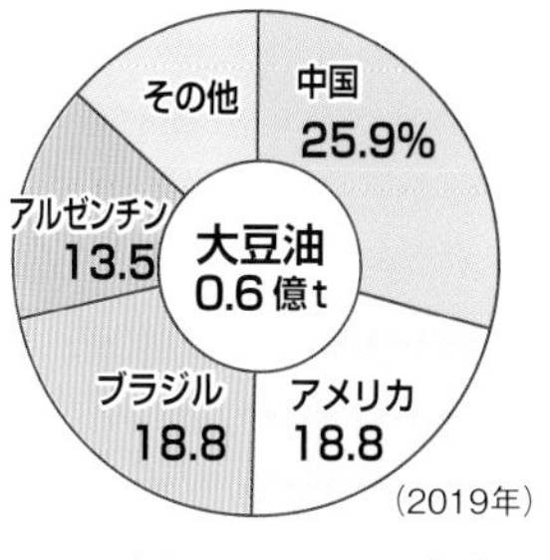

大豆から精製《せいせい》された食用油。輸入《ゆにゅう》大豆で生産する場合もあります。

チャレンジクイズ 食料危機《きき》を考える

1 世界の人口が100億人を超《こ》えるのはいつごろ？

A. 2050年ごろ
B. 2080年ごろ
C. 2100年ごろ

2 うどんやラーメンの原料は8割《わり》以上が輸入《ゆにゅう》されたもの。原料って何？

A. 大豆
B. トウモロコシ
C. 小麦

3 2023年現在《げんざい》、飢餓状態《きがじょうたい》にある人の世界人口に占《し》める割合《わりあい》は？

A. 10人に1人
B. 100人に1人
C. 1000人に1人

4 飢餓《きが》を生みだしている一番の原因《げんいん》は何？

A. 武力紛争《ぶりょくふんそう》
B. 環境汚染《かんきょうおせん》
C. 気候変動

5 日本の小麦・トウモロコシ・大豆の最大の輸入《ゆにゅう》相手国はどこ？

A. アメリカ
B. 中国
C. オーストラリア

6 次のうち、温室効果《おんしつこうか》ガスではない気体はどれ？

A. 二酸化炭素《にさんかたんそ》
B. 酸素《さんそ》
C. メタンガス

7 三大穀物《こくもつ》のうち世界で最も生産量が多いのはどれ？

A. 小麦
B. 米
C. トウモロコシ

8 世界の穀物《こくもつ》生産量の20%以上を占《し》める世界トップの穀物生産国はどこ？

A. アメリカ
B. ロシア
C. 中国

9 エネルギー源《げん》となる三大栄《さんだいえい》養素《ようそ》は、炭水化物とタンパク質《しつ》と、あと1つは何？

A. 脂質《ししつ》
B. ビタミン
C. カルシウム

10 世界の海で魚の数を急激《きゅうげき》に減少《げんしょう》させている一番の原《げん》因《いん》は？

A. 海洋酸性《さんせい》化
B. 海洋汚染《おせん》
C. 乱獲《らんかく》

11 最近の日本の食料自給率《じきゅうりつ》（カロリーベース）はどのくらい？

A. 25%～30%
B. 30%～35%
C. 35%～40%

12 食料自給率《じきゅうりつ》アップに役立つ、家庭でできることは？

A. パン食を増《ふ》やす
B. 買い置きを増やす
C. ごはん食を増やす

13 世界の食品ロス。生産された食料の総量《そうりょう》に占《し》める割《わり》合《あい》はどれくらい？

A.10分の1
B. 5分の1
C. 3分の1

14 日本の自給率《じきゅうりつ》アップをむずかしくしている根本的な問題は何？

A. 資金《しきん》が足りない
B. 水が足りない
C. 農地が足りない

15 これから気温の上昇《じょうしょう》で食料生産がむずかしくなりそうな地域《ちいき》は？

A. 低緯度《ていいど》地域
B. 中緯度地域
C. 高緯度地域

答えは、この「SDGsと食料危機」シリーズ（全4巻）のなかに書かれていることばかりです。クイズに挑戦《ちょうせん》してください。答えは、47ページにあります。

16 肉は国内生産が64％あっても家畜《かちく》のえさがほぼ輸入《ゆにゅう》。肉の自給率《じきゅうりつ》は何%？

A. 16%
B. 24%
C. 32%

17 穀物《こくもつ》などの生産量を増《ふ》やすために有効《ゆうこう》でない取り組みはどれ？

A. 古い田畑を再生《さいせい》する
B. 化学肥料《ひりょう》の輸入《ゆにゅう》を増《ふ》やす
C. 堆肥《たいひ》を増産《ぞうさん》する

18 貧困国《ひんこんこく》の低所得層《ていしょとくそう》に肥満《ひまん》や太りすぎの人が増《ふ》えているのはなぜ？

A. 栄養バランスが悪い
B. 食料援助《えんじょ》が多過《す》ぎる
C. 肉の食《た》べ過ぎ

19 栄養不足などによるサブサハラの5歳《さい》未満児の死亡《しぼう》率《りつ》は、日本の何倍？

A. 19倍
B. 26倍
C. 38倍

20 水ストレスって、なんのこと？

A. 海洋が汚染《おせん》されること
B. 真水が不足すること
C. 海面が上昇《じょうしょう》すること

21 世界の科学者たちが提《てい》案《あん》した地球全体の持続可《か》能《のう》な食事法は？

A. プラネタリーヘルスダイエット
B. グローバルヘルスダイエット
C. ワールドヘルスダイエット

22 2012年から2021年の間に飼料用米《しりょうようまい》の作付面積は何倍に増《ふ》えた？

A. 2倍以上
B. 3倍以上
C. 4倍

23 都道府県別食料自給率《じきゅうりつ》200%以上の北海道の他のもう1つの県は？

A. 青森県
B. 秋田県
C. 山形県

24 日本の現在《げんざい》の食生活で1人が1年間に食べる食料を生産するのに必要な面積は？

A. テニスコート1面分
B. テニスコート4面分
C. テニスコート10面分

25 2020年、日本で有機農業がおこなわれている面積は全耕作地《こうさくち》の何%？

A. 0.6%
B. 1.6%
C. 10.6%

26 次のものの中で雑穀《ざっこく》はどれ？

A. トウモロコシ
B. ソバ
C. 玄米《げんまい》

27 昆虫食《こんちゅうしょく》で最も期待される栄養素《えいようそ》は何？

A. ビタミン
B. 炭水化物
C. タンパク質《しつ》

28 水産物の消費量《しょうひりょう》は日本と世界でどうなっているの？

A. 日本も世界も50年前の1.5倍
B. 日本は50年前の3分の1
C. 世界では50年前の約2倍

29 代替肉《だいたいにく》として最も使われている植物性《しょくぶつせい》食品は何？

A. トウモロコシ
B. タロイモ
C. 大豆

30 飢餓地域《きがちいき》に緊急《きんきゅう》食料援助《えんじょ》を続けているノーベル平和《へいわ》賞受賞団体《しょうじゅしょうだんたい》はどれ？

A. 国連食糧農業機関《こくれんしょくりょうのうぎょうきかん》（FAO）
B. 国連世界食糧計画（WFP）
C. 国連環境《かんきょう》計画（UNEP）

あとがき

「食」は大きな転換点《てんかんてん》を迎《むか》えている

国谷裕子《くにやひろこ》

食料危機《きき》についてSDGs《エス・ディー・ジーズ》の視点《してん》から４巻《かん》にわたって多角的に取り上げてきました。この最後の４冊目《さつめ》にはたんぱく質《しつ》を今後も持続的に供給《きょうきゅう》していくため、昆虫《こんちゅう》の利用、培養肉《ばいようにく》の開発、大豆ミートの活用や、魚を海ではなく陸上で養殖《ようしょく》するなど、あまり馴染《なじ》みのなかった取り組みに驚《おどろ》かれたかもしれません。野菜や穀物《こくもつ》についても田畑だけでなく都市に建てられたビルのなかの大規模《だいきぼ》野菜工場、遺《い》伝子《でんし》を操作《そうさ》して暑さや水不足に適応《てきおう》できる種を早く生み出すといったことまで考えられているのです。

食料生産は自然と向き合いながら行うものとのイメージからはかけ離《はな》れた取り組みの数々《かずかず》。人口が増《ふ》え続《つづ》けるなか、今後もフードテクノロジーによる解決策《かいけつさく》は必要であり、様々《さまざま》な開発が行われていくでしょう。ただ国《こく》際《さい》会議などでの議論《ぎろん》を聞いていると、食料問題が抱《かか》える環境《かんきょう》、経済《けいざい》、社会的な課題に包括《ほうかつ》的《てき》に取り組むためには、自然が持つ力をあらためて見つめ直すことの重要性《じゅうようせい》に気づかされます。鍵《かぎ》となるのは第３巻で紹介《しょうかい》されたように環境負荷の高い農薬、化学肥料《ひりょう》の使用を減《へ》らし、土壌《どじょう》そのものが持つ温室効果《おんしつこうか》ガスを貯《ちょ》蔵《ぞう》する力や作物に栄養を与《あた》える力を最大限《さいだいげん》活かす有機農業への転換《てんかん》かもしれません。

スーパーやデパ地下にいけば食材や総菜《そうざい》が豊富《ほうふ》に並《なら》び、食べたいものを選ぶ楽しさがそこにはあります。それらがどこでどのようにつくられているのか知ることはほとんどありませんが、わたしたちには見えにくい食料をめぐる危機はひたひたと近づいています。例えば、農業には欠かせない水。世界の淡水消《たんすいしょう》費量《ひりょう》の70％を農業生産が占《し》めていますが、その水が急速に減っています。2022年の国連世界水開発報告書《ほうこくしょ》のタイトルは、「地下水：見えないものを見えるようにする」。地下水が急速に減少《げんしょう》していることを警告《けいこく》しています。

第２巻で取り上げたアメリカ中西部から南西部の穀倉《こくそう》地帯を支《ささ》えてきた世界最大級の地《ち》下水層《かすいそう》、オガララ帯水層《たいすいそう》で起きている著《いちじる》しい水位の低下。トウモロコシや大豆、小麦などを生産するための農業用水が減少すればその影響《えいきょう》は計り知れません。この文章を書いている2023年２月18日も、アメリカの有力紙ニューヨークタイムズは、南部テキサス州の綿花《めんか》生産が気候変動による高温や干《かん》ばつで著しい影響を受け、農家は廃業《はいぎょう》を余儀《よぎ》なくされていると伝えています。日本にいると水の問題についてあまり意識《いしき》しませんが、国連では2023年３月に水サミットを開くなど気候変動や使いすぎによる水不足は世界的課題になっており、食料生産にとってもその影響は深刻《しんこく》です。劣化《れっか》が進む地球からの悲鳴を食料危機につながるものとして、しっかりと受け止めなくてはなりません。

世界中の資源《しげん》を使って生産された食料を買って豊《ゆた》かな食生活を楽しんできた日本。しかし世界では飢餓《きが》人口が増え、食料危機が深刻に懸念《けねん》される状況《じょうきょう》が訪《おとず》れようとしています。いまわたしたちは、地産地消や有機農業の価値《かち》を見つめ直し、SDGsが掲《かか》げる大きな理念、「地球を破壊《はかい》から守る」そして「だれひとり取り残さない」の二つの視点から食料を生産し消費《しょうひ》する時代への転換点に立っているのです。

さくいん

な

は

ま

や

ら

42-43ページ

チャレンジクイズの答え

問1 A	問11 C	問21 A
問2 C	問12 C	問22 B
問3 A	問13 C	問23 B
問4 A	問14 C	問24 B
問5 A	問15 A	問25 A
問6 B	問16 A	問26 B
問7 C	問17 B	問27 C
問8 C	問18 A	問28 C
問9 A	問19 C	問29 C
問10 C	問20 B	問30 B

監修：国谷裕子（くにや・ひろこ）

キャスター。FAO（国連食糧農業機関）日本担当親善大使。大阪府生まれ。米ブラウン大学卒業。
1981年NHK「7時のニュース」英語放送の翻訳・アナウンスを担当、報道の世界へ。NHK衛星「ワールドニュース」キャスターを経て、93年から2016年までNHK総合「クローズアップ現代」のキャスターを務め、広く共感を呼ぶ。その後、SDGsについて取材活動を続け、広く理解をしてもらう様々な活動を行っている。11年に日本記者クラブ賞、16年ギャラクシー賞特別賞などを受賞。
著書に『キャスターという仕事』（岩波書店）、監訳『HOPE』（ダイヤモンド社）があるほか、『国谷裕子と考えるSDGsがわかる本』『国谷裕子とチャレンジ！未来のためのSDGs』（全4巻）『国谷裕子と考える気候危機と脱炭素社会』（以上文溪堂）の監修も手がける。

装幀
村口敬太（Linon）

本文レイアウト
Noside

文・構成
長谷川清　小松亮一

イラスト・漫画・図版・キャラクターデザイン
松島りつこ　Yamamoto Yukiko　板垣真誠　yuyuja

編集協力
西戸山学　市川はるみ

企画・編集・制作
キックオフプラス（小松亮一　すずきしのぶ）

写真提供
カバー・表紙
上：アフロ / 撮影協力：幕張ファーム・ベチカ、左下：TT News Agency/ アフロ、右下：アフロ

国谷裕子と考えるSDGsと食料危機

❹「未来の食」から食料危機を考える

2023年3月　初版第1刷発行
監修者　国谷裕子
発行者　水谷泰三
発行所　株式会社**文溪堂**

〒112-8635　東京都文京区大塚3-16-12
ＴＥＬ　営業（03）5976-1515　編集（03）5976-1511
ホームページ　https://www.bunkei.co.jp

印刷・製本　図書印刷株式会社

ISBN978-4-7999-0493-0　NDC611　48p　293 × 215mm